图说福建

福建科学家

林万金 柳公正 ◎ 著

海峡出版发行集团
THE STRAITS PUBLISHING & DISTRIBUTING GROUP

海峡文艺出版社
Haixia Literature & Art Publishing House

图书在版编目(CIP)数据

福建科学家/林万金,柳公正著. —福州:海峡文艺
出版社,2014.9
(图说福建)
ISBN 978-7-5550-0314-4

Ⅰ.①福… Ⅱ.①林…②柳… Ⅲ.①科学家—
列传—福建省 Ⅳ.①K826.1

中国版本图书馆 CIP 数据核字(2014)第 202591 号

图说福建

福建科学家

	林万金　柳公正　著
责任编辑	谢　曦
出版发行	海峡出版发行集团
	海峡文艺出版社
经　销	福建新华发行(集团)有限责任公司
社　址	福州市东水路 76 号 14 层　　邮编　350001
发 行 部	0591—87536797
印　刷	福州凯达印务有限公司　　邮编　350008
厂　址	福州市金山橘园洲工业区台江园 6 号楼
开　本	787 毫米×1092 毫米　1/16
字　数	155 千字
印　张	9
版　次	2014 年 9 月第 1 版
印　次	2014 年 9 月第 1 次印刷
书　号	ISBN 978-7-5550-0314-4
定　价	33.00 元

如发现印装质量问题,请寄承印厂调换

目录

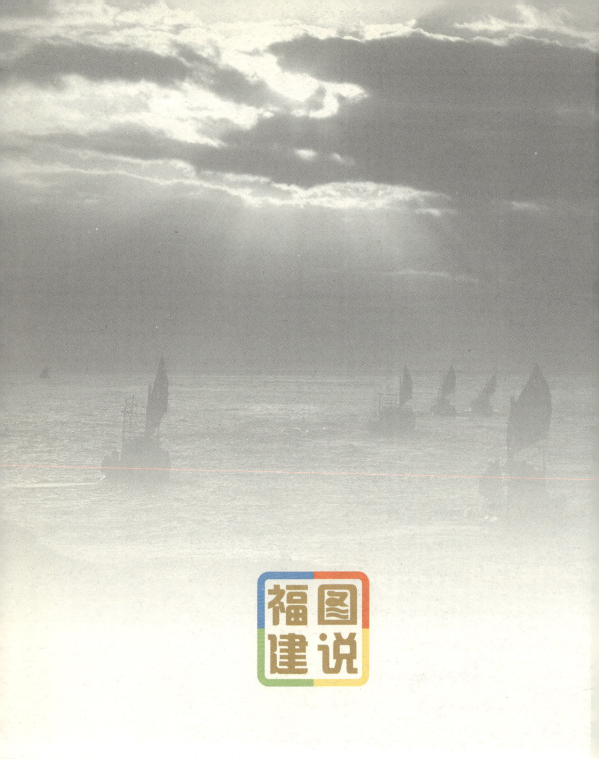

追 到 底

——记化工专家中国科学院院士侯德榜

侯德榜（1890–1974），闽侯县人，早年考入清华大学留学预备学堂高等科。1913年赴美国留学。1916年毕业于美国麻省理工学院化工专业，获学士学位。1919年获美国哥伦比亚大学制革硕士学位。1921年获博士学位。1921年回国后任塘沽碱厂总工程师、南京铔厂厂长、永利化学工业公司总工程师和总经理。1949年后历任中央财经委员会委员、重工业部顾问、化学工业部副部长、全国政协常委等职。

"挂车攻读"

侯德榜从小就有自己的追求。自幼接受祖父教育，勤奋好学。有一天，祖父找小德榜，跑到田间，远远只见德榜在水车上车水，祖父接连数声高呼："德榜……"，毫无反应，原来小德榜正背诵："归去来兮，田园将芜胡不归……"祖父纳闷，自己从来没有教过他五柳先生的这篇文章啊，一问，原来小德榜从姑妈家借来《古文观止》，自学的。自此，小德榜"挂车攻读"的美谈，就广为流传了。小德榜如此自学知识，蕴藏着某种追求，是他以后走向成功的一种执著。

1903年，侯德榜的姑母看到他聪颖好学，资助他在福州英华书院读书。那时，中华大地，哀鸿满地，洋货充斥福州市场，中国百姓受洋人欺虐的事经常见到。侯德榜看在眼里，记在心中。

1906年，侯德榜也因家贫辍学在家，他执著一种追求，立志使生命变得壮丽，使精神变得富有，自觉坚持自学。

自学毕竟时间有限，他有走投无路之感。姑妈看了心碎，又慷慨解囊。辍学在家的侯德榜又来到福州英华书院继续念书。

刚满18岁的侯德榜，在英华书院读二年级，正巧上海闽皖铁路学堂来福州招生，他以优异的成绩入选。在上海学习期间，曾经到英资津浦铁路当实习生。耳闻为鉴，眼见为实。帝国主义者具有技术经济优势，中国却贫穷落后，侯德榜深深地悟出前者对后者进行残酷剥

削与压迫原因和本质。他一方面曾积极参加过反帝爱国的罢课示威，以示心志；另一方面，则下定决心读好书，掌握科学技术，用科学和工业来拯救满目疮痍的中国。

1910年，从铁路学堂毕业后，侯德榜一度在铁路上海站担任工程实习生。祖国备受帝国主义、封建主义和官僚资本主义三座大山压迫的现实，促他"追到底"的信念更强更明确。不久，北京的清华留美学堂来上海招生，侯德榜毫不犹豫参考，又以优秀的成绩考取了清华留美预备班。

进清华留美预备班的学生要到美国留学，还得通过严格的考试，择优录取。他侯德榜这位来自农村的学生，已把"追到底"作为信念，成为体现人生价值的坐标。因之终日以书为伴，不融会贯通决不罢休。1913年考试，侯德榜不负众望，以十门功课一千分的惊人成绩，震惊清华园，真为中国人争了气。不仅令中国老师，而且令美国老师也大吃一惊。他被保送到美国名牌大学——麻省理工学院攻读化学工程。

麻省理工学院名扬天下，学子莘莘，人才辈出。中国穷学生侯德榜，遭到有钱的美国学生的蔑视，习以为常。由此，侯德榜忍辱负重，"咬定青山不放松"，发扬"追到底"精神，专心致志，苦读精读。1916年，他以优异的成绩获得了学士，证明了黄皮肤的中国人非同一般的聪智与能力。

1918年侯德榜进入哥伦比亚大学研究院研究制革，1919年获硕士学位。1921年，他的博士论文《铁盐鞣革法》，以全票获得通过，非常有创见，《美国制革化学师协会会刊》特予全文连载，至今成为制革界广为引用的经典文献，侯德榜也因此以优异的成绩获得哥伦比亚大学博士学位。"追到底"精神，铸就了中国学子在海外获得第一个制革博士学位的丰碑。

奉献国家

当年的侯博士，在美国名噪一时，好几个公司接踵而至，要以重金聘请。而侯德榜没有动心，他想到贫穷落后的祖国，人民正处在水深火热的苦难之中，原因之一是工业落后，特别是化学工业，百业待兴，任重道远，他欣然地接受天津永利制碱公司总经理范旭东的聘请，回国担任永利公司的技师长（即总工程师）。历史告诉人们：早年鲁迅先生"弃医从文"，一位思想巨人出现在世界近代的东方，而侯德榜"弃革转碱"，一位"追到底"的归国学子，一下子拉开了创新近代中国化工业的序幕，接着，又为中国化学工业的开发、建设和生产作出了卓越的贡献，后来成为中国近代化学工业的奠基人之一。

1921年，制碱技术和市场被外国公司严密垄断，侯德榜带领广大职工长期艰苦努力，解决了一系列技术难题，于1926年取得成功，正常生产出优质纯碱。侯德榜用英文撰写了《纯碱制造》（Manufacture of Soda）一书，1933年在纽约出版，在学术界和工业界产生了深远影响。1934年，他全面负责兼产合成氨、硝酸、硫酸、硫酸铵的南京铔厂，解决了生产中当时化工高新技术之最高温高压、易燃易爆、强腐蚀、催化反应等难题，于1937年1月建成了这座重化工联合企业，一次试车成功，正常投产，技术上达到了当时的国际水平。以此奠定了我国基本化学工业的基础，也培养出了一大批化工科技人才。

1938年，侯德榜筹办四川碱厂。1939年率队赴德国考察，准备购买察安法专利。他不堪辱国条件，中止谈判，发愤自究制碱方法。到了1941年，他带领科研人员，终于研究出融合察安法与苏尔维法两种方法、制碱流程与合成氨两种流程于一炉，联产纯碱与氯化铵化肥的新工艺，具有四个特点：1生产工艺连续化，生产效率大为提高；2不从固体碳酸氢铵开始，而是用盐卤先吸收二氧化碳，从而大大提高了食盐中的钠与氯的利用率，使食盐利用率达98％之上；3使生产设备和辅助原料石灰石等节省1／3左右；4避免了产生大量含氯化钙的废液。1941年3月15日，侯德榜发明的制碱新工艺命名为"侯氏制碱法"。1943年12月，中国化学学会十一届年会授予侯德榜"中国工程学会一届化工贡献最大者奖"，表彰他为抗日大后方工业生产所作出的杰出贡献。

1945年8月，日本侵略者投降不后，侯德榜继任永利总经理，立即组织恢复永利沽厂与南京铔厂的生产。他亲赴东京找盟军总司令部等有关方面严正交涉，据理力争，找回战争中被日本侵略者运往日本的硝酸设备，恢复生产硝酸，建国后仍长期生产。

援助世界

1947年，印度塔塔公司碱厂的设备和技术改造和提高，侯德榜受聘为顾问兼总工程师，先后5次赴印度指导设备更新改造提高工作，指导改进该公司碱厂的设备和技术。经他努力，该公司碱厂既生产出优质纯碱，又保持稳定正常运转，为印度制碱工业作出了贡献。他的事迹，感动了尼赫鲁总理。后来，尼赫鲁总理访华时，在我国领导及有关人物面前大加赞扬。他对推进中印合作发展起到很好作用，是构筑两国人民友谊的光辉典范。

在20世纪60年代，他还不顾年老体衰，接受南非国家的邀请，不顾风尘仆仆辛劳，一头扎进考察有制碱条件的许多实地，以己聪明才智和高深专业水平，为南非提供切实可行的制碱规划，得到好评。他还不远万里到了巴西，帮助建立新的制碱厂。他的渊博学识和高深制碱技术得到外国专家学者及有关负责人的称颂。他在多次出国中，严于律己、虚心待人，得到不发达国家的普遍好评，尤其是"追到底"的精神和言行，让人钦佩不已，为祖国援外事业争得了荣誉。

一追到底，永不止步。不论奉献国家，还是援助世界，侯德榜始终不渝，义不容辞，并用事实证明：勇敢才有希望，行动终会成功。

彪炳青史

1949年，侯德榜第五次赴印期间，得知中共中央领导人很关心永利的事业，并希望与他共商国家大计，感激万分，力克重重阻碍，绕道泰国、香港、韩国赶回北京。聂荣臻元帅亲自到车站迎接。毛泽东主席在接见他时说："革命是我们的事业，工业建设要看你们的了！希望共同努力建设一个繁荣富强的新中国。"周恩来总理亲自到永利驻京办事处探望他，祝贺他胜利返国，赞扬他的爱国主义精神，邀

请他参加中国人民政治协商会议，"共商国是，设计建设新中国的蓝图"。他相继当选为中国人民政治协商会议全国委员会首届委员，第二、三、四届常委；全国人民代表大会第一、二、三届代表；先后被任命为中央财经委员会委员，政务院重工业部技术顾问，化学工业部副部长；受聘为中国科学院技术科学部委员等等。1953年，他参加了民主建国会，并当选为第一、二届中央常委。1955年起，受聘为中国科学院技术科学部委员。1957年，参加中国共产党。

侯德榜一生在化工技术上有三大贡献。第一，揭开了苏尔维法的秘密。第二，创立了中国人自己的制碱工艺——侯氏制碱法。第三，就是他为发展小化肥工业所作的贡献。

1972年以后，侯德榜日渐病重，行动不便，他还积极传播交流科学技术，培育了很多科技人才，他呕心沥血，为国为民，为发展科学技术和化学工业做出了卓越贡献，1973年1月，重病的侯德榜写信给周恩来总理："于百岁之后，将家中所存国内较少有的参考书籍贡献给国家……"直至他生命的最后一息，还留给我们攀登科技高峰的又一块阶石。

"追到底！"执著一生。

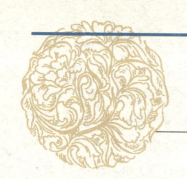

生命礼赞

——记中科院院士林巧稚

林巧稚，女，1901年12月23日出生在厦门鼓浪屿的一个教员家庭。1929年北京协和医学堂（院）毕业并获医学博士学位。医学家、中国现代妇产科学的奠基人之一，中科院学部委员（院士），曾任中国医学科学院副院长，全国妇联副主席。1983年4月22日，在北京病逝。谢冰心《悼念林巧稚大夫》写道："林巧稚是一团火焰，一块磁石。林巧稚的'为人民服务'的一生，是极其丰满充实地度过的。"

"林巧稚是一团火焰"

林巧稚读书时，有一次上手工编织课，老师夸奖林巧稚说："手很灵啊，当个大夫挺合适。"这句话让林巧稚下了当外科医生的决心，从知识文化及社会学等方面开始"储存能量"。读中小学，品行优良，学业出类拔萃，留中学任教。1921年，林巧稚要考北京协和医学堂，家人要林巧稚嫁人。林巧稚说："不，我要读书，读书就是我的终身大事，我不嫁人，就是不嫁人！"林巧稚考中了，"学医，当个医学家"，如愿以偿。在漫漫8年学习中，独占鳌头，入学时的25人，只剩下16个，林巧稚高居榜首。毕业时获医学博士学位，当届"文海"奖学金唯一获得者，为协和医院（堂）第一位毕业留院的中国女医生；1939年，到美国芝加哥医学院当研究生，第二年被美国方面林巧稚聘请为"自然科学荣誉委员会委员"；同年回国，不久升任妇产科主任，成为北京协和医学院第一位中国籍女主任；1959年，

福·建·科·学·家

当选首届中国科学院唯一的女学部委员（院士）。

林巧稚率先对妇产科学许多方面进行了研究，许多研究结果发表：《用造袋术治疗后腹壁囊肿一例》《新生儿自发性肺气肿》《妊娠及非妊娠妇女的阴道酵母样霉菌》《在协和医院生产的畸形头胎儿》《对妊娠母亲试用破伤风类毒素免疫小生儿》等，著有《乙酰胆碱在正常分娩机制中的作用》《24例良性葡萄胎及恶性葡萄胎转移的研究》，主编《妇科肿瘤》《农村妇幼卫生常识问答》《家庭育儿百科大全》等。这些都是中国以往妇产科医学史所未涉及到的领域。

艰苦而又漫长的历程和骄人的成就，林巧稚就有了充足的能量，先是用来燃烧自己。为了把有限的生命献给医护生命的事业，林巧稚读大学前就决定"我不嫁人"，连协和医学院设置"女性一旦结婚自动解聘"不近人情的门槛也欣然接受，终身未婚，成了一个医生，为了许多母亲和孩子，林巧稚燃烧自己，无私奉献，"唯一伴侣就是床头的电话"。

"文革"中，林巧稚推着四轮车给病人打针送药，清洗便盆，倒痰盂……这些工作林巧稚都做得一丝不苟，毕竟，林巧稚还没有离开协和，林巧稚说这已经是再幸运不过。林巧稚喜欢这块能不断燃烧自己的地方。

林巧稚真像一团火焰，都快燃尽自己了，仍在轮椅上、病床上，努力写作《妇科肿瘤》。四年的时间林巧稚完成了这部五十万字的专著，这是林巧稚一生为我国妇婴健康付出的最后努力。直到临终昏睡中还叫喊："产钳，产钳，快拿产钳来！"林巧稚慢慢平息下来，过了一会儿，林巧稚的脸上露出一丝微笑："又是一个胖娃娃，一晚上接生了三个，真好！"遗嘱中，林巧稚将个人毕生积蓄三万元人民币捐给医院托儿所，骨灰撒在故乡鼓浪屿的大海中。

林巧稚燃烧自己，是为了照亮别人。1921年7月下旬，林巧稚和余琼英同去上海赴考。考场上，酷热难耐，林巧稚忘记一切地答卷子。"密斯林巧稚！"忽听生硬的中国话，林巧稚顺口冒出英语："我还没答完！""密斯林，请出来一下！"林巧稚出来一见女伴中暑晕倒，二话没说，立即将余抱到阴凉地方迅速处置，并给余的姐姐打了电话。林巧稚回到已结束考试的考场，虽有点失望却淡然以对。发榜时，百里挑一的金榜之上有林巧稚的名字！原来，考官发现林巧稚不低的成绩和难得的素质而录取了林巧稚。

在协和医院，林巧稚勤奋工作，无论白天黑夜、严寒酷暑，林巧稚都为治病救人而忙碌。不管是什么身份的患者，只要有人向林巧稚求诊，林巧稚都有求必应。

太平洋战争爆发，北京协和医院关门。林巧稚在北京弄堂小胡同租几间房子，开办私人诊所。林巧稚有一个特殊的出诊包，包里放些现钱，对贫病交困的病人，不收分文药费，还予以资助。许多患者都感动得流下热泪。

林巧稚对病人无微不至的关怀和爱心是出了名的。林巧稚看病人，从不问贫富，更不是在手术台上向病人要钱的那种医生。相反，林巧稚往往还向被救治的贫苦患者贴钱。有一天，天色很晚，一个人力车夫送生命危在旦夕的母子上门求林巧稚接生。林巧稚亲自为产妇洗脸、擦洗干净了下身，撤去脏污的草木灰袋，在炕上铺上条干净的旧被单。然后，林巧稚一条腿抵住炕沿，一条腿跪在炕上，轻缓而毫不迟疑地正着胎位，嘴里小声地安慰着女人，一次次地细致引导，一次次地倾听胎心跳动音。等待中，林巧稚还给产妇喂下了大半碗棒子面粥。晨光曦微中，林巧稚熟练地握住了产钳……车夫没钱，林巧稚掏出五十元给车夫买营养品。原协和医院副院长黄人健回忆说，林巧稚对待病人极为温柔耐心，很多妇女千里迢迢赶到协和找林巧稚。我曾看到林巧稚掏出几十块钱给一个流产的贫穷妇女，那时林巧稚的工资是300块，像这样资助病人的情况太常见了。"

林巧稚每次带实习生查房，都要向学生询问"产妇生下孩子后几天下奶""喂奶姿势正确吗""产妇吃饭情况怎么样"等，看似很普通的问题，体现了林巧稚对产妇的关心和爱护。林巧稚常说："我们不仅要看到病，还要看到人。产妇、病人入院，就把林巧稚的整个生命交给了我们，要把林巧稚们当成亲姐妹，从每件细微的小事上做起，体贴和关怀林巧稚们……"

林巧稚不仅这样说，更是这样做。产妇生产时，只要是林巧稚守候，总是在产妇阵痛伸出手乱抓之时，把自己温暖的手让产妇抓握，使产妇立刻感到安全，更有信心。林巧稚说："我不能让孕妇在这时去抓床头上的铁栏杆，因为那样手关节是要受凉落下病的。"

林巧稚的爱，还体现在林巧稚为病人的前途着想上。特别是对影响生育和家庭幸福的病例，林巧稚更是慎之又慎。有一次，一个女工在检查身体时被诊为子宫肌瘤，并要实施子宫摘除术。林巧稚重新给女工做了认真细致的检查，断定无须摘除子宫，确诊已有了一个小宝宝。林巧稚亲自给女工接生孩子。这位女工深情地说："是林大夫救了我，挽回了我的幸福家庭！"

林巧稚凭着爱心和高超医技，像火炬样照亮着千千万万妇女、母亲和儿童的生命。林巧稚又像一块磁铁，吸引病人自全国四面八方接踵而来。

林巧稚像"一块磁铁"

知道林巧稚这个美丽天使的人，真是无法计数。

1962年初，包头一个女工寄来一封求救信：我已生了四个孩子，但每个不几天就全身发黄死去。现在是第5个，已怀孕七个月，抱着一线希望求林大夫救孩子一命。林巧稚毅然接收并接生，果然出现上述典型的"新生儿溶血症"。林巧稚带领治疗小组，做了一个惊心动魄的手术——给婴儿换血，终于从死神的边缘拉回了这个新生儿，圆了一个草原妇女做母亲的梦。此后，又做成了几十例"新生儿溶血症"病例，填补了我国在这一妇产科学上的空白。

"文革"的寒冬中，林巧稚给"黑帮"女儿傅彦爱的温暖，救了她的命。因此而遭批判，当时林巧稚十分认真地声明："我是一个大夫，大夫有大夫的道德，我怎能见死不救，能治不给她治呢？"

伟大的文学家谢冰心说，我和林巧稚相熟，还是因为我的三个孩子都是林巧稚接生的（林巧稚常笑说"你的孩子都是我的孩子"）。在产前的检查和产后的调理中，林巧稚给我的印象是敏捷、认真、细心而又果断。林巧稚对病人永远是那样亲人一般的热情体贴，虽然林巧稚常说，"产妇不是病人"。林巧稚对林巧稚的助手和学生的要求，也十分严格。

9

林巧稚常笑着对谢冰心说：“你有空真应该到我们产科里来看看。我们这里有了五湖四海的婴儿。有白胖白胖的欧洲孩子，也有黑胖黑胖的非洲孩子，真是可爱极了！”林巧稚尽心的工作，让许多人给林巧稚以充分的快乐。

有一天，一个穿灰色列宁服的妇女来协和挂号找林巧稚看病，林巧稚在问诊中了解到，这名患者1927年生过孩子，因为躲避国民党抓捕不能在大医院就诊，孩子夭折，自己也不能再生育，长征中又落下许多病根……后来林巧稚才知道，这位患者是周恩来的夫人邓颖超，对此林巧稚更增添了同情和敬佩。

北京市委书记彭真的夫人张洁清来协和生孩子的时候，林巧稚经常和林巧稚聊天，但不知道林巧稚的身份。张洁清出身世家，待人平和文雅，而彭真总是一个人提着饭盒来送饭，坐在走廊里的椅子上等待探视。

林巧稚的爱心和精湛医术，让许多人慕名而来，林巧稚不问地位高低，不做贵贱之分，一视同仁，平等医护。

有人说，林巧稚身上有一种神奇的力量，不管产妇怎样地焦躁痛苦，只要林巧稚走过去，拉着手说上几句话，林巧稚们就都会平静下来。

彭真同志称赞林巧稚为“卓越的人民医学家”。邓颖超同志总是赞扬“林巧稚不是一般的大夫，林巧稚对病人有一股特别的吸引力”。

我们觉得，林巧稚“对病人有一股特别的吸引力”，不仅来源于林巧稚对祖国、对人民的一片忠诚，还来源于林巧稚在医学生涯的60多年如一日地坚持“病人第一”的可贵精神。

“林巧稚的‘为人民服务’的一生”

谢冰心对林巧稚做出恰如其分的评价：“林巧稚的‘为人民服务’的一生，是极其丰满充实地度过的。林巧稚从来不想到自己，林巧稚把自己所有的技术和感情，都贡献倾注给了林巧稚周围一切的人。”是啊！林巧稚为妇女儿童的健康和幸福整整奔劳了六十多个春秋，把自己的一切毫无保留地献给了祖国和人民。

在林巧稚看来，作为一个医生，既然病人把生命交给了你，你就要尽心尽力，负责到底。正是怀着这样的信念，林巧稚总是下班最晚，离开医院前还要到病房里巡视一遍。当实习大夫时，林巧稚就知道为产妇哪怕擦擦汗、拉拉手，都是一种不可低估的力量；成为著名专家后，林巧稚还是愿意摸摸病人的头，披披病人的被角……一启齿、一举手、一投足，都体现了对病人深切的关爱和理解。为人民服务，细微之处见真情啊！

林巧稚常说："为人民服务是一桩神圣的事情，无论它怎样简单或者平常，你应该有这样神圣的感觉。否则你就觉得它烦琐、枯燥、无味，一旦你有了这种神圣感，那么苦、累、脏，甚至个人的一切都不在话下了。"林巧稚为了观察病情，经常几个小时，十几个小时，甚至几十个小时守候在病人身边。每次外出开会回到北京，林巧稚首先是回医院，到病房走走。亲近和了解林巧稚的人还知道，林巧稚有一个习惯，吃晚饭后，林巧稚还要回顾院内病人的情况，病人病情是否严重，要注意什么，有哪些问题需要查书，需要思考，注意事项是否已向值班医生交代清楚。睡前，照例要和值班医生通一次电话，了解新的情况。如果夜间有难产或手术，林巧稚要求值班医生有问题随时和林巧稚商量，林巧稚未得到病人一切平安的消息之前，总是不放心入睡的。林巧稚的电话就在床头，不论是白天或者深夜，医院来电，林巧稚总是毫不迟疑地拔腿就走，林巧稚自称"我是一辈子的值班医生"。

当然，为人民服务还要高超的技能。林巧稚把帮助妇女生产和护理，变成了一门精湛的艺术。举凡经林巧稚的手，绝大多数难产的孕妇，都会化险为夷。林巧稚挽回了无数母亲和孩子的生命。

林巧稚经常带领医务人员深入农村、城镇考察妇女和儿童的疾病。为了降低我国婴儿死亡率，防治妇女宫颈癌，林巧稚撰写了妇幼卫生科普通俗读物《家庭卫生顾问》等书，受到人们的普遍欢迎。林巧稚在实践中摸索的一整套技术、方法和程序，成为我国妇产科学的重要基础。在长期的临床实践中深深感到，妇女的身心是否健康，从怀孕、生产到产后对妇女、婴儿的检查、监护、操作、护理是否科学，是一个关系两代人健康和家庭幸福的大事。因此，林巧稚致力于这门科学后，就以自己的全部精力来研究它，探讨它。

林巧稚几十年如一日，坚守在工作岗位上，病房就是林巧稚的家。林巧稚用一双灵巧的手，迎接五万多个小生命来到人间。许多父母感念林巧稚从死亡线上抢救出自己的婴儿，就给自己的孩子取名为：念林、爱林、敬林、仰林等等。

林巧稚把自己的一切都奉献给妇产科事业。林巧稚解除妇女的痛苦，分享母子的欢乐，忙得连自己的婚姻与家庭都未顾及。

林巧稚为在妇产科领域贯彻预防为主的方针奠定了基础，并逐渐使妇科普查成为制度，大大提高了妇女的健康水平。林巧稚还用极严密科学的方法，治愈了许多妇女的不育症，给那些希望有孩子的家庭带来了天伦之乐。

林巧稚在对妇科恶性肿瘤的防治上做出了特别重要的贡献。除上述对子宫颈癌的防治成绩外，在林巧稚的指导下，林巧稚的学生在治疗"绒毛膜上皮癌"这一高度恶性肿瘤上取得了重大突破。到20世纪80年代初，一、二期绒毛膜上皮癌治愈率几乎达100%，三期病人的治愈率也达到了53.4%。

林巧稚长期深入农村调查研究，为我国控制人口、优生优育做出了极为杰出的贡献。

"春蚕到死丝方尽"，这是对林巧稚鞠躬尽瘁的一生的真实写照。

人生最美好的就是你停止生存时，也还能以你创造的一切为人们服务。

1990年10月10日，为表现我国现代科学家的卓越贡献，我国邮电部发行一套《中国现代科学家（第二组）》纪念邮票4枚，当中第一枚是医学科学家林巧稚。

2009年9月10日，中共中央宣传部、组织部、统战部、解放军总政治部等11个部门联合组织的"100位为新中国成立作出突出贡献的英雄模范人物和100位新中国成立以来感动中国人物"评选活动中，林巧稚被评为"100位新中国成立以来感动中国人物"。

慧眼识宇宙
——天文学家张钰哲

张钰哲（1902-1986），男，福建闽侯人，天文学家。毕业于美国芝加哥大学天文学系，获美国叶凯士天文台天文学博士学位。中国科学院紫金山天文台研究员、名誉台长，中国天文学会名誉理事长，中国科学院院士（学部委员）。1928年发现1125号小行星，命名  为"中国"。1976年10月23日发现一颗新星，命名为"张钰哲星"。

引　子

从夸父追日，到嫦娥奔月，从万户乘箭，到古观象台，炎黄的子孙们几乎从降生的那天起，就一直以自己独特的眼光，审视、浏览、窥测着我们这个蓝色的星球和星球以外那片神秘的太空。今天，当我们站在紫金山天文台那巨大的天文望远镜边上眺望无垠的宇宙时，炎黄的子孙终于可以走出《山海经》和《搜神记》的迷茫，在茫茫太空书写属于自己的光荣。

1990年，国家发行了一张特别纪念邮票，以纪念我国著名的天文大家——张钰哲。邮票的中间印着张钰哲像，背景是彗星和小行星，左上有一排小字"张（2051CHANG）"，右下是他的签名，左下是他生前自刻印章："钟山太史。"

为了祖国的荣誉

南宋开禧二年（1206），闽侯县青口镇庄头村张氏始祖张大用因避乱由南京迁居此地，至今已八百多年。张钰哲系二十二世裔孙，辈字贞。清光绪二十八年（1902）二月十六日出生于这个普通村民的家庭，两岁时父亲就过世了，六个兄弟姐妹与母亲相依为命，生活艰难，但挡不住张钰哲的求学道路。祖父在世时一家由庄头村搬迁福州法海路芙蓉弄7号，张钰哲就读福州明伦小学。他从小勤奋好学，成绩优异。17岁那年随二哥迁北京，在畿浦中学、北京师大附中就读，学业优秀，以全校第一名毕业，考入清华学堂高等科，就读机械工程专业，希望以自己的力量改变祖国工业落后的现状。

张钰哲做天文观测

有一天晚上，张钰哲无意间读到了一本天文科普读物，正是这本小册子，改变了张钰哲的一生，也改变了中国天文事业的命运。

作者在卷首写了这样一段令人心泣的话："天文学乃中国古学，在我国启昌独早，其研究规模，千年前即已灿然大备，惜后中落……近百年复受晚清腐败政治之影响和军阀的摧残，天文古学更日就消亡，几成绝响。诸君关心国粹，扶翼文明，想亦深同愤惜也。"

是啊，古老的中国是世界上天文学发展最早的国家之一，早在夏代就创造了历法，并在春秋时期留下了关于哈雷彗星的最早记录。难道先人的智慧之光就要这样无声无息地陨落吗？张钰哲想到这里，心潮澎湃。经过一番深思熟虑之后，他毅然放弃了追求已久的机械工程专业。1923年，张钰哲来到美国求学，转而投考了芝加哥大学天文系。转专业后，张钰哲愈发勤奋，立志学成归国，复兴中国的天文事业。1927年，张钰哲以优异的成绩获得芝加哥大学天文系硕士学位，后又于1929年获美国叶凯士天文台天文学博士学位。

就在这一年，时年27岁的张钰哲，婉拒恩师樊比博教授盛情挽留与国外大天文台的邀请，满怀报国之情，利用美国地理学会派队来我国江浙观测天文机会，义无反顾地返回贫病交加的祖国，从此与中国的天文事业结伴终生，结下了不解之缘。

书写在太空的"中国"

中国的天文学发展很早，并在两千多年前就已取得骄人的成绩：新石器时代的陶器上，就有古人绘制的星辰图案；商代甲骨文中保留有世界上关于日食、月食的最早记录；西周已设专门人员管理计时仪器和进行天象观测；春秋时期，人们已能由月亮的位置推出每月太阳的位置，并在此基础上建立了二十八宿体系……然而，进入近代，天文学却在中国停滞了，头顶上久已为国人熟悉的灿烂星空，却"没有一颗星是中国人发现的"，这让张钰哲深以为憾。1928年11月22日夜，张钰哲终于亲手打破了这个尴尬的局面。

1926年，当时的张钰哲正在美国的叶凯士天文台实习。他守在望远镜旁观测行星时，突然发现一颗有点异常的星，在星图上根本找不到它。经过好些天的对照研究，张钰哲发现，这很可能是一颗尚未被人发现的小行星。可是这颗星溜得太快了，当它刚一进入张钰哲的眼帘时，又在转瞬之间躲进了茫茫的星海之中。

为了它，张钰哲开始了两年的漫漫"追星"路。两年里，张钰哲没有睡过一个安稳觉，吃过一顿安静饭，在人们眼前的张钰哲，似乎永远都蹲守在伸向星空的天文望远镜前。也许正是张钰哲的执著感动了那颗行星，在1928年11月22日的夜里，这颗小行星终于再次现身了。当这颗星再次进入他的观测网时，他按下相机快门，终于将这颗新星留在了底片上。经过连续的观测和精密的轨道计算，张钰哲确信这是一颗从未有过纪录的新行星。

自1801年意大利天文学家皮阿齐发现了第一颗小行星之后，各国天文学家不断发现新的小行星。按照国际惯例，谁发现小行星就由谁来命名。身在异国的张钰哲，毫不犹豫地将它命名为"china"。该发现很快就得到了"国际行星中心"的承认，从此，"china"（编号为第1125号）带着张钰哲浓浓的爱国热情，带着数亿同胞的热望，骄傲地在太空遨游。

学成归国的张钰哲，等待他的不是鲜花和荣誉，而是山河破碎的中国。然而，战火纷飞，也挡不住他的报国心。1932年，正在南京紫金山天文台服务的张钰哲临危受命，到北平将安放在古观象台上的四架古天文仪器抢运至南京。1941年9月21日，张钰哲更是在日军飞机的连番轰炸下，用简陋的设备，第一次完整地记录了日全食。抗战胜利后，张钰哲出国访问，在波士顿召开的美国天文学会年会上发表了《变星的速度曲线》和《大熊星座的光谱观测》两篇论文，获得国外同行的一致赞叹。然而，当时执政的国民党外交部竟然拒绝承担他回国的旅费。面对这一令人沮丧的消息，张钰哲仍然坚决地拒绝了国外各大天文台的邀请，利用美国国家地理学会派队到我国浙江武康地区观测日食的机会，千辛万苦回到了祖国。

今夜星光灿烂

新中国成立后，张钰哲一直担任紫金山天文台台长。新政府对天文学的积极扶持，让张钰哲有一种"海阔凭鱼跃，天高任鸟飞"的自由，他更是满怀热情地投身在祖国天文学事业上。

1949年10月，在张钰哲的努力下，紫金山天文台的观测仪器得到了修复。他又倾注心血，花去4年的时间建成了我国最先进的天文仪器厂——南京天文仪器设备制造厂。以后，他又亲率同行自制和引进了国际一流水平的科学仪器，使紫金山天文台成为一个集观测和科研的综合研究所，为我国空间天文学、射电天文学、实用天文学、历算和天文仪器等方面的发展，都做出了突出的贡献。

1957年初，世界上还没有一个国家发射人造地球卫星，张钰哲即在此时应用

张钰哲为少年儿童讲解

天体力学基础理论研究了人造卫星轨道，并发表了《人造卫星的轨道问题》的专题论文，从理论上探讨了地球的赤道隆起和高层大气引力对人造卫星轨道的影响。这项研究，为我国人造卫星轨道的研究工作奠定了基础。

对航天飞行事业具有重大意义的小行星分布和轨道运动研究，是张钰哲和他的助手们的一项重要工作。但是，要弄清那么多小行星的运行情况，却不是一件容易的事。由于不仅受太阳的吸引，还要受各大行星的引力摄动，小行星一般没有固定的轨道，因此只有通过不断的观测，不断的计算，才能把握住这些太阳系小天体的行踪。

担任紫金山天文台台长直至逝世，张钰哲和他的助手们一起共获得八千多次小行星的成功观测，并先后发现一千多颗新的小行星（其中，有81颗得到了国际行星中心的编号命名）和3颗命名为"紫金山"的新彗星，先后创建了对小行星、彗星的照相定位观测和天体力学轨道计算的研究，开创并领导了多个领域天文学研究，取得多项重要成果。

张钰哲深知，科学不应该住在孤芳自赏的广寒宫，只有普及到民间，才能获得真正的生命力。为此，他在着力于科研的同时，也不忘普及、宣传科学。他一生发表论文101篇，出版专著、译作10部，还编写多本通俗易懂、为大众喜闻乐见的科普小书，如《小行星漫谈》《哈雷彗星今昔》等，并大力支持科普电影的拍摄和科普期刊的创办。他还是推动天文台向普通群众开放的第一人。他任紫金山天文台台长时，建立了每逢周日正式向广大群众开放的制度，使紫金山天文台成为建国以来最早向群众开放的科研机构。

国际天文学界为了表彰张钰哲的杰出成就，将美国哈佛大学天文台1976年10月23日发现的一颗新星命名为"张钰哲星"。

1986年7月21日，84岁的张钰哲在南京逝世。遵照他的遗愿，他的骨灰深埋在紫金山天文台内的一个极不起眼的角落，地面上没有任何标记。1986年5月5日，《人民日报》曾为张钰哲发表了专题短评，称他是一颗"永不熄灭的星"。确实，张钰哲虽然离开了人世，但他发现的"中国"和以他姓名命名的"张钰哲"星，仍在遥远的天际不息地绕着太阳运转，在浩茫的宇宙空间深情地凝视他生前热爱的祖国。

尾　声

窗外，很静，远处的镇海楼在夜幕下发出柔和的光辉，榕城的夜是宁静祥和的。灯光下，集邮册上，一张面值为十分的小型张邮票，已经有些斑驳，但是画面上的图案却仍然清晰，邮票上的那位大师的笑靥依然那么灿烂，一如眼前那镇海楼上的灯光。

灯光像一颗明星，一颗璀璨的明星。那是张钰哲？他似乎在研究书法，或许正工于绘画篆刻，或许又写文章。以前，他经常这样写文章。他结合天文台观察和自己的科学研究与实践，长期坚持向公众普及天文科学知识。1930年中国天文学会的《宇宙》月刊创刊，邀请他来写发刊词，此后，《宇宙》也陆续发表了他很多科普文章。这些文章被汇编成两部著名的天文学科普文集：《天文学论丛》（商务印书馆1934年）和《宇宙丛谈》（正中书局1945年）。两部文集中的一些文章流传海内外，成为天文科普的经典之作。

张钰哲曾这样勉励过青少年："你们应该准备吃大苦，唯有在学习和工作中自觉地经受刻苦地磨练，才能把自己锻炼成钢；唯有锲而不舍的追求和努力，才能对振兴中华有所贡献。"试问，我们有什么理由不奋发图强，不努力进取，学好科学文化知识为祖国四化建设添砖加瓦呢？

今夜，当你凝望浩瀚的星空时，你是否知道了，星空中写着我们福建人的骄傲？瞧，那有一颗熠熠闪光的星，它的名字就叫——张钰哲。他，和我们说着同样的方言，在无垠的宇宙中，亲切地和我们对话呢，很亲切、很伟大，是天文界一颗"永不熄灭的星"！

擦肩诺贝尔奖

—— 记生物化学家王应睐

王应睐

王应睐，（1907年11月–2001年5月），福建省金门县人，1929年毕业于金陵大学（现南京大学）。1955年为中国科学院院士。英国归侨，生物化学家，比利时、匈牙利、捷克等国家外籍院士，1958年加入了中国共产党，同年被任命为中国科学院生物化学所研究员兼所长。1984年任名誉所长。我国近代生物化学科研事业的主要奠基人。

擦肩而过

今天，当人们说起20世纪的中国科技成就时，可能很容易就想起"两弹一星"—— 蘑菇云的升腾，曾让多少炎黄儿女热泪盈眶！但是，在60年代以前出生那一辈人中，一定还会记的那时中国发生的同样令世界瞩目的重大科技事件，那是人类历史上第一次叩开组成人类生命的最基本的物质—— 蛋白质的大门，那是一次破解生命之谜的辉煌战斗，这个成就，足以震动50年前的地球，以至使瑞典皇家科学院诺贝尔奖评审委员会，几欲把当年的诺贝尔化学奖授给中国。而领导这个项目的科学家就是福建籍的生化专家王应睐。让我们翻开历史的这一页：

1958年12月底，我国人工合成胰岛素课题正式启动。由王应睐领军的中科院生物化学研究所，会同中科院有机化学研究所、北京大学联合组成研究小组，开始探索用化学方法合成胰岛素。在此前人们研究的基础上，研究过程分成三步：第一步，探索把天然胰岛素的两条链重新组合成为胰岛素的可能性，结果是重新组合的胰岛素结晶和天然胰岛素结晶的活力相同、形状一样；第二步，分别合成胰岛素的两条链，并用人工合成的链同天然的链结合，生成半合成的牛胰岛素，也获得成功；第三步，经过半合成考验的链与链相结合后，通过小鼠惊厥实验，证明了纯化结晶的人工合成胰岛素确实具有和天然胰岛素相同的活性。研究小组经过6年多坚持不懈的努力，终于在1965年9月17日，在世界上首次用人工方法合成了结晶牛胰岛素。11月，这一重要科学研究成果首先以简报形式发表在《科学通报》杂志上，许多国家的电视台和报纸先后作报道。12月28日毛泽东岁生日的第二天，《人民日报》发表了一篇社论宣布"我国在世界上第一次人工合成结晶胰岛素"。人工合成胰岛素为我们再次打开生命之门，标志着人类在认识生命、探索生命奥秘的征途中迈出了关键性的一步，促进了生命科学的发展，开辟了人工合成蛋白质的时代，是生命科学发展史上一个新的里程碑。

1966年年底，瑞典皇家科学院诺贝尔奖评审委员会化学组主席蒂塞刘斯来到中国，王应睐当时非常为难，参加人工合成牛胰岛素的人员，仅骨干就有20多位，不符合该奖授奖对象最多为3人的规则。王应睐最有资格，但诺贝尔奖不授予组织者。诺贝尔奖最终没有颁给中国科学家。一些科学家认为，王应睐与获诺贝尔奖擦肩而过，王应睐学识渊博，专业基础知识扎实，成果累累，让人永志不忘，其功勋彪炳史册。

1929年，王应睐以优异的成绩毕业于金陵大学（现南京大学），并获得学校颁发的"金钥匙"奖。1938年，王应睐到英国剑桥大学攻读博士研究生。毕业时，获得了免试的待遇，并于1941年得到生化博士学位。1941年，王应睐在英国生物化学杂志上发表了题为"维生素A过多症"一文，引起各国学者的重视。1943年，王应睐到剑桥大学Molteno研究所，对血红蛋白的研究取得了突出的成果。王应睐对酶的性质有重要的发现，达世界领先水平。1955年，王应睐在布鲁塞尔第三届国际生化大会上宣读论文，受到极高的评价。1978年获全国科学大会重大成果奖。

半个世纪以来，王应睐在营养、维生素、血红蛋白、酶以及物质代谢等方面，取得了一系列重要成果。在担任中国科学院生物化学研究所所长和中国生物化学学会理事长期间，对研究所的建设和学会的发展发挥了重要作用。在完成世界上首次人工合成结晶牛胰岛素和人工合成酵母丙氨酸转移核糖核酸的重大研究成果中，担任首席领导工作，为发展中国生化事业做出了杰出的贡献。

举贤育才

王应睐在建立生化研究队伍，发现和培养各种人才上，做了大量工作。这是王应睐为发展我国生化事业所作的又一贡献。

建国初期，国内生化人才很缺，王应睐向有关领导部门提出研究所的发展方向后，就召集一批学科带头人来共同工作。亲笔信一封封飞过大洋，是王应睐有目的、有步骤地向国外各个留学生发出的。1951年王应睐首先请到了在凯林实验室工作的邹某，并把跟随自己工作多年的伍某让给王应睐做助手，开展酶的作用机制的研究。1952年曹某回国，开展蛋白质结构与功能的研究，王应睐也为曹某配备了得力的助手，并争取到一系列研究蛋白质的先进仪器。以后多年，王应睐又请到了一个个维生素专家、核苷酸代谢专家和蛋白质化学专家。这样，一批思想敏锐、年轻有为、崭露头角的科学家，组成了一套门类齐全并互为补充的阵容。王应睐是一位优秀的指挥员，王应睐善于发挥和调动各位专家的才干和积极性，并使全所上下都能心情舒畅地工作，形成了一个民主、和谐的研究集体。既有相对稳定的研究方向，又有探讨问题的活跃的学术气氛，更有操作严格、秩序井然的实验室环境，从而人才、成果不断出现。

举办高级生化训练班，是王应睐培养人才的成功做法。中华人民共和国成立前，大学里没有设立过生化专业。建院初期，所里青年科研人员几乎都是没有经过生化基本训练的化学系毕业生。王应睐参照剑桥的经验，举办了高级生化训练班，既系统讲授生化的最新知识，又强调提高动手能力。王应睐办了不少中小班。以后应全国各地要求，于1961年举办了一次大型的训练班。1979年又在沪、杭两地同时举办了一次大型训练班，参加者达500人。这种集中培训的方式，对于学员系统掌握生化的最新知识，打下扎实的生化基础，用以从事研究或教学，实践证明是一种让人才辈出的好方法。

1987年，在王应睐的积极倡导下，召开了由中国生物化学学会组织的国际生化会议（IMB）。王应睐作为会议的主席，在确定大会报告人，邀请国外学者参加，组织骨干听会培训等工作，起了主导作用。IMB取得完全的成功，既为中国生物化学界赢得了荣誉，又培训了人才。

王应睐在攻关人工合成牛胰岛素和酵母丙氨酸转移核糖核酸的短短几年里，一手创办了中国生化的"黄埔军校"，先后组织近十期高级生化训练班。这些学员后来成为国内各单位生化领域的骨干，好几个院士说："中国的生物化学能有今天的水平和规模，王先生功居首位。"著名英国学者李约瑟，更是将王应睐称为中国生物化学的奠基人之一。

攻关不倦

生物化学研究所是全国生化研究的带头单位，人才辈出，成果累累。没有王应睐出色的组织，倾注了大量的心血，是完全不可能的。

王应睐是人工合成胰岛素工作的主要组织者之一，制定合成方案，调配力量攻关。合成遇到困难，调整组织一支精干的力量。时时处处都见到王应睐踏踏实实工作的身影。1963年王应睐担任人工合成胰岛素协作组组长，组织协调与中国科学院有机化学研究所、北京大学的合作，1965年9月完成了这一具有历史意义的工作。

人工合成酵母丙氨酸转移核糖核酸的组织难度更大，协作范围更广泛，关系到京沪地区多个单位，在这样一个协作组要协调一致地互相配合，没有一个坚强的领导核心是不可能把研究工作组织好的。王应睐在制定各单位分工，人员调配，确定酶法合成与化学合成的关系等方面起了重要的作用。1978年，王应睐协调成立了RNA连接酶制备、长片段连接和活力测定三个研究组，大大加快了研究步伐，终于在1981年完成了世界上第一个人工合成的转移核糖核酸。

1988年2月在美国佛罗里达州迈阿密生物技术冬季讨论会上，王应睐被授予"特殊成就奖"。这是为了表彰王应睐领导中国科学家在人工合成生物高分子方面所取得的成绩而特设的一项奖励。在授奖仪式上，会议主席、迈阿密大学生化系主任韦伦教授向王应睐颁发了一块奖盾，上面镌刻着：王应睐从1958年至1984年任中国科学院上海生物化学研究所所长。在此期间王应睐曾作为协作组组长完成两项杰出的、具有开创性的成果：一项是1965年人工合成胰岛素，另一项是1981年人工合成酵母丙氨酸转移核糖核酸。

今天，上海生物化学研究所，所以能赢得国际声誉，是与王应睐的努力分不开的。王应睐清楚地知道多做了科研组织工作会影响王应睐自己的研究工作，但王应睐从全局利益出发，从全国、全所生化事业的发展来考虑，这种无私的精神，像一根红线贯穿着王应睐五十多年的科研生涯。

脊梁诤言

王应睐抓科研一流，人品也一等。王应睐优秀的人格魅力和卓越的洞察力，不仅表现在王应睐对微观世界的解读，更表现在王应睐的刚正不阿的高贵品质，有过正直敢言、推动拨乱反正的破冰之举。

改革开放初期，上海生化所接到许多国外邀请我方科研人员访问的函，多是对方资助。国家外汇奇缺，公派科研人员出国访问进修限制很严。科学院原有的方针是争取资助，争取多派。但1981年突然限定生化所1983年以前只许派公费留学二人，资助留学四人，已经争取到外方资助的留学人员也派不成了。王应睐十分恼火地说，目前生化所已经与国外联系好，马上就可以派出的人员就有十几个，都是人家给资助，钱数都不少。英国向来是不肯给钱的，也同意派一个助研，一年八千英镑。如果按院里的人数限制规定，都不能走了。我不了解这个新规定是怎么定，没有好好征求所里的意见。这个规定是很不妥当的。扩大研究所自主权讲了几年，结果连这点权都不给所里，说得过去吗？派人出国进修，对科研到底是有利还是有害的问题，院里到底闹清楚没有？这个质问一针见血，让人捏一把汗。还有各种流言飞语：有人认为派出去的人多了，有可能走了不回来；有人认为派出去的人给外国人当了廉价劳动力；有人认为出去的人多了，受外国资产阶级腐朽意识的侵蚀，也影响国内工作。王应睐从国家利益、科研需要、人才与工作需求出发，据理反驳了这几种限制科研人员出国的荒谬说法，大展了正气。当时，"文革"阴影未散，这真的不啻于刀尖上的舞蹈。或许，这就是中国知识分子几千年"文死谏"在当代的再版，或许更是"壁立千仞，无欲则刚"赤胆忠肝。谁知中科院政研室却产生共鸣，协助王应睐整理了一份《王应睐同志对派遣出国留学人员的意见》，直送中科院领导。院长方毅批示，要研究。副院长胡克实批示，值得重视。后来，这个材料成为允许夫妻一起出国学习工作的例证。巨人的魅力，那才是中华民族自立世界的坚强脊梁，恒久不灭的宝贵财富！

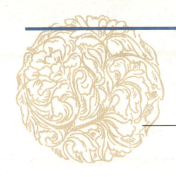

把脉地球
——记地球物理学家傅承义

傅承义（1909年10月–2000年1月）原藉福建省闽侯县，长期从事物理和地球物理的研究工作，是中国地球物理科学的主要奠基人之一，为推进中国地震学与地球物理学的研究起了重要作用，同行说他：把脉地球的能力惊人。

一、青年才子

把脉地球不是简单的事，关键是睿智超常、专业精通。

傅承义从小就初露峥嵘。他生于北京官僚家庭，自幼就受到家庭的良好教育。幼时天资甚高，聪敏过人，一篇古文只读三遍便可流利背诵。老师教的课他熟练有余，就到处博览群书。他14岁未读小学，就直接进入育英中学，刚读一年，就背着父母偷偷去考高中，居然中榜。但家里不同意，只得读初中。初中三年，年年名列第一。他参加学校的英语和国语演讲比赛，也经常获得优胜。 他最爱读的英文书，开始时，英文生字很多，他借助字典一对照，虽然吃力，但他兴味无穷，生词积累多了，而能顺利地读下去，而且越读越起劲。他说自己基础之所以扎实，不光课堂上学到，长期要坚持阅读英文小说和看美国原版电影。

1926年，傅承义考取汇文中学高中部，他的学习成绩依然名列前茅，获得理化和数学两项银杯奖。1929年以优异成绩毕业。 高中毕业后，投考当时北平的两所名牌大学——清华和燕京，结果两所大学都榜上有名，他选中清华大学物理系，那一班同窗好友，都是佼佼者，1933年毕业。1934年他受聘清华大学物理系做助教，一边教书一边从事热力学和核物理的研究工作。1937年抗日战争爆发，傅承义应聘到西南联大继续任教，生活和工作条件十分艰苦，他不顾这一切，专心致志研究学问，教书育人。

清华大学

北京地质学院

1938年，傅承义考取英庚款公费留学，1940年与钱伟长等前往加拿大，进入麦吉尔大学物理系。核子物理的发源地让傅有了用武之地。他在国内已做过不少研究，取得一定的成就。但他认为，选择专业应首先能为祖国所需。当时的核子物理仍偏重理论探讨，与中国当时的国计民生离得太远，他决定放弃核物理的研究，去攻读地球物理勘探专业。甚有声望的导师吉斯教授对这位年青的中国学者很欣赏。傅潜心攻读，掌握了地球物理勘探的全部学识，还选读地质学方面的课程。1941年便获得硕士学位。吉斯教授先后推荐他去美国科罗拉多矿业学院、加州理工学院攻读地球物理和地震学。导师是近代地球物理学的泰斗B·古登堡教授，对他在研究生院表现的聪明才智和钻研精神十分赞赏。

有一天，古登堡在课堂上提到地震折射波虽然已被观测到，但在理论上一直未被证明。傅承义兴趣骤生，凭着他深厚的物理、数学基础，悉心研究，没多久，就以严格的数学，论证了首波的存在并从物理上阐明首波和地震折射波之间的关系。这项独创性的成果，古登堡的评价极高，加州理工学院师生的推崇备至。1944年，傅承义以优异的成绩获得加州理工学院地球物理学博士学位。他是中国第一位地球物理学博士。

二、报效祖国

傅承义在美国，真是身在曹营心在汉啊！虽然他的研究事业处于最旺盛时期，自己研究成果，摆到国际地球物理的前沿，虽然为祖国赢得了荣誉，也为自己带来荣誉和地位，可英雄无用武之地，难免潜然，何况他始终把自己的命运同祖国的命运联系在一起。他每时每刻都在怀念自己的祖国，望穿窗帘都想看到祖国苦难的面貌，得到各种消息，希望有朝一日能返回祖国，用自己的学识把脉地球，为祖国服务。

1947年春，傅承义收到原在清华大学的同窗好友赵九章的来信，希望他回国主持中央研究院气象研究所的固体地球物理的工作。一位颇有声望的气象学家说，国内急需既有深厚理论又有丰富实践的地球物理学家。傅承义收到信后，毅然抛弃在美国的优越工作条件，丰厚的待遇，舒适的生活，返回离别七年的祖国。那时，抗日战争虽已胜利，但当时政府贪污腐败，物价飞涨，民不聊生，研究经费奇缺。他看到这种状况，没有感到报国无门。而是面对差劲条件，努力克服困难，无怨无悔地认真开展工作，在气象研究所担任研究员外还兼任中央大学物理系教授，仍悉心研究地震学和地球物理学，那两年他在国内外学术期刊上还发表了多篇科学论著，如《地震波与地震射线》《地震波速的测定》等等。

傅承义认为要报效祖国，必须培养人才。那时国内为数甚少的地震专业人员，年青的屈指可数，而大多数缺乏系统的地球物理学识，他耐心地给他们讲授地震学理论课，并积极组织开展学术活动。那年，中国地球物理学会正式成立，他是发起人之一，并当选为第一届理事。1949年初，"三大战役"后，国民党军队兵败如山倒，国民党仍不甘失败，企图南迁，威逼中央研究院气象研究所等科学研究机构迁往台湾。傅承义对国民党政府独裁卖国、贪污腐败的倒行逆施深恶痛绝，同赵九章、陈宗器等坚决抵制。连有些美国朋友劝他赴美搞科学研究，他也婉言谢绝。

三、把脉地球

把脉地球，傅承义一生奋斗。20世纪40年代，博辰义在美国连续发表一系列具有独到见解的地震波传播理论论文，成为世界地震波研究领域的先驱。1960年被国际同行评为地球物理经典作家。

新中国成立后，他全身心投入培养我国地球物理人才，先后在多所大学创办地球物理及空间科学专业，一生的学术成就和贡献都令人佩服。

开创了中国地球物理教育事业。地球物理教育在旧中国是个空白。新中国成立后，国家急需一大批物理探矿专业人才。傅承义把全部精力投入人才培养工作。从50年代末至1967年，他先后在北京大学、中国科学技术大学培养了数百名地球物理专业毕业生和研究生。"十年动乱"之后，已届古稀之年的傅承义，又先后为国家培养了近20名硕士和博士研究生。他的学生遍布全国各地，这些人都科研、教学、生产部门的骨干，其中不少人担任了各级领导职务，有些人成了著名的专家、学者、教授，还有人当选为学部委员（院士）。

傅承义的教育思想的核心是：立德、立言、立身。他这一思想是30年代在清华大学读书时便已开始形成的。立德者，育人也。他把科学道德、治学态度和献身科学事业的精神贯彻到教育工作的始终，认为身教比言教更为重要。立言者，传授知识和做学问的方法。傅承义谆谆教导他的学生，做学问要注意三点：一是博览群书，才能触类旁通；二是要善于归纳总结，从中发现、解决问题；三是要独立思考，人的品质第一。立身，严于律己，为人师表。傅承义为师有道，深受广大师生的爱戴。

证明了地震波传播理论。在地震勘探和地震测深中采用的折射波法，实际上用的并不是真正的折射波。因为按照几何地震学的原理，地震波在以临界角入射时，折射波就不应再返回原来的介质。30年代，曾有许多人对这种"折射波"做过不正确的解释。直到1938年，O.Von.Schmidt（施密特）首先证明这种所谓的折射波的独立存在。傅承义从数学上证明了它的存在，发现格林函数的积分可以分成两部分：一部分可导致各种类型的体波；另一部分可导致各种面波。他又进一步研究了面波及薄层的影响。后来这些概念已经是众所熟知，并且方法几乎规范化了，但在40年代初，这种方法人们还是不大熟悉的。此外，傅承义对于面波的能量传播及瑞雷方程的三个根也有独特的见解，为世界上一些著名地球物理学家、地震学家赞赏，为同行们所称道。

探索了对地震的预测。惨不忍睹的地震灾害，让傅承义具有强烈的使命感，也清楚地震预测极为复杂艰巨。1956年，傅承义负责起草了中国开展地震预测研究的长远规划，中提出解决地震预测问题的科学途径和应采取的具体措施，列举的五个方面的工作。1963年，傅承义进一步把地震预测方法分成三大类：地震地质、地震统计和地震前兆。它们彼此相关又互相联系，寻找地震前兆是地震预测的核心问题。70年代，傅承义在地震前兆的研究中提出孕震区假说。并一再提醒人们，地震预测是个有待人们长期坚持不懈进行探索的课题，切不能因偶然失误而丧失

信心，更不要为一时成功而忘乎所以，迷失前进方向。80年代，他对构造地震断层成因提出质疑，进一步发展了孕震区假说。他分析许多震例，认为地震学不只是力学问题，把地热学引入地震研究中是大有前途的。总之，他在地震预测的方法论上提出颇有新意的见解。如：大地震的发生是个典型的非线性过程，应该从地震发生的全过程去看问题。近代的耗散结构论、协同论和突变论的观点应当引入到地震预测中来。

指导了中国核试验地震效应观测和地震侦察研究工作。20世纪50年代以后，美、苏两国的核试验逐步转入地下。地下核试验的地震侦察，成了各国竞相开展的特殊工作。1961年，在傅承义倡议下，中国科学院地球物理研究所成立第七研究室，他任主任。起先主要研究地震核侦察的信号识别问题。1962年底，他带领大家观测研究中国自己核武器爆炸地震效应。1963年，傅承义对美国核武器研制计划和试验工作情况进行广泛深入的调查研究，明确自己往爆炸的力学效应分析和爆炸的远距离侦察两个方向发展，并做出详细规划，明确责任。1965年，七室圆满地完成中国首次核试验地震观测工作，为国防建设作出了贡献，受到国防科委和中国科学院的表彰，全国科学大会的奖励。

傅承义把按照科学规律办事看成是自己的天职，把坚持真理作为人生追求的最崇高目标，把高尚的品德贯穿到卓越的科研、教学实践全过程，体现了人民科学家、教育家的时代风范。

刘光鼎院士挽联写得好："三篇文章开世界震波研究先河创新典范，一生耕耘育中华找矿精英大成风节长存"。

科海丹心

——记我国海藻遗传学专家方宗熙

方宗熙（1912-1985），笔名少青，男，福建云霄人。我国著名生物学家、遗传学家、教育家和科普作家。1985年加入中国共产党。曾历任山东大学生物系教授、山东海洋学院副院长、山东省政协副主席。

赤子之心

海天福地的潜移默化，让方宗熙从小就有了大海般的宽阔襟怀，丹山般的赤子之心。

方宗熙从小聪颖好学，成绩名列前茅，立志成为有用之士。在老师庄少青的启发和教育下，懂得了很多做人和做事的道理。后来，庄少青被敌人诱捕杀害，他才知道这位启蒙老师是中共地下党员。他的诗书文章频见报端，就以"少青"作笔名，以纪念开辟鸿蒙的老师。

1936年，方宗熙毕业于厦门大学。第二年，他报考清华大学的出国研究生。卢沟桥一声炮响，打破了他科学救国的美梦。誓死不当亡国奴，方宗熙在心里给设了个底线。1938年初，他漂洋过海，到印度尼西亚苏门答腊岛巨港中华学校任生物学教师兼教务主任。1946年初，赴新加坡华侨中学任教师，并参加胡愈之组织的民盟马来亚支部的创建工作，创办了进步刊物《风下》。他积极组织学生义演募捐，支援祖国的抗日战争。1941年12月，太平洋战争全面爆发，巨港也被日寇的铁蹄所践踏。他带了一些科技书籍避居深山，过着近乎土著人的原始生活，直到1945年日

本投降。1947年秋，他到英国伦敦大学攻读博士学位。1948年他已在英国的科学杂志上发表论文。1949年底，他以博士论文"手掌上a-b掌纹数目的遗传和大舌症低能的关系"通过答辩，获得伦敦大学人类遗传学博士学位。

新中国成立，方宗熙归心似箭，恨不得立即把自己学到的知识献给新中国的建设事业。因遭到英国政府和国民党使馆的阻挠，归国未成。1950年12月，他几经周折，经加拿大回到阔别十多年的魂牵梦萦的祖国，兴奋异常，逢人便说："祖国解放了，不再受帝国主义的欺侮，海外侨胞都扬眉吐气。时代在前进，他们都进步了，我要好好学习，努力跟上，竭尽全力为新生的祖国效劳。"

方宗熙对以马列毛泽东思想为指导的中国共产党有浓厚的兴趣，乃至心驰神往，终身追求，迫切要求入党。1985年6月8日，党支部让他填写入党申请书，他正处在病危期间，吵着要出院。他说："我还有很多工作要做。"29日，他在病床上宣誓入党，终于"金榜题名"。从填写入党申请书到撒手人寰，只有21天，老科学家献出的是至死不渝的赤胆忠心。

科海扬帆

方宗熙认为，科海无涯，只有攀登，才有出路。20世纪50年代中期，国家的需要开展海水养殖业，方宗熙深深懂得这是第一位、最神圣、最伟大的需要，完成这一重任更是责无旁贷，义无反顾地投身于这场火热的攻坚战，历经千辛万苦却始终无怨无悔。方宗熙教授将遗传学理论较为系统的应用于海水养殖领域，通过深入研究海带野生群体的性状特征，首次验证了数量性状遗传规律，计算出叶长、叶宽等主要数量性状的遗传力，并以此建立了海带选择育种技术，培育出了"海青一号"优良养殖品种和"海青二号"、"海青三号"等几个自交系，推广了海带常规育种的原理和方法，完成了世界上首例海洋生物优良品种的研究报道，并为后期海洋生物遗传改良研究奠定了重要的理论与方法学基础，为我国海藻养殖业的发展作出了突出的贡献。1978年荣获全国科学大会奖。特别是海带单倍体遗传育种的成功，使他在海藻遗传育种领域享有很高的国际声誉。

科学发现永远没有尽头，跨过一座山峰，前方还有更高更险更壮观的山峰。20世纪70年代，单倍体细胞遗传学的发展开辟了植物育种学研究的新时期。方宗熙引导大家攻关，不仅追上国际植物遗传与育种学研究步伐，后来还有长足的发展。前后用了三年多时间，他们终于攻下了海带单倍体遗传育种这一科研项目，选育出了"单海一号"海带新品种，比当时推广的优良品种产量提高15%以上。这是单倍体育种在海藻中首次获得成功的记录。其后，他们又乘胜追击，应用海带不同雌雄配子体无性生殖系杂交，选育出高产、高碘、抗病性强的杂交种——"单杂十号"优良海带，该杂交群体优势显著，产量超过生产品种的70%，碘含量超过80%，1985年获得山东省科技成果一等奖。这种海带、裙带菜配子体无性繁殖系（克隆）的培育，解决了大型褐藻不能实现长期保存的世界难题，为开辟海藻细胞工程育种奠定了重要的基础。在方宗熙教授的指导下，利用海带、裙带菜雌性配子体克隆经孤雌生殖培育的雌性孢子体，建立了一个非自然界常态存在的全人工生活史，得到了国际同行的高度评价。由此建立的海带单倍体育种技术和"单海一号"海带单倍体新品种的培育，不仅成为开创中国海洋生物细胞工程育种时期的里程碑，而且是中国褐藻遗传育种领先于世界同类研究的标志性成果。

生命真神奇，遗传却亘古至今演化无穷。方宗熙指导的海带遗传学研究工作业也不断深入开展，实现了不同种系海带配子体克隆间的杂交育种，建立了杂交育种、远缘杂交育种、杂种优势利用等海带育种技术，培育出了"单杂十号"等优良品种，为海洋藻类养殖业的发展做出了重要的贡献。可他却因劳累过度，心脏病发作了，不得不住进疗养院休养。

不可思议的事情，往往让方宗熙实现。他致力海洋藻类和植物研究工作，建立了世界上第一座大型海藻（海带、裙带菜）种质资源库和中国第一座海洋微藻种质库，开展了孔石莼、浒苔、条斑紫菜等原生质体分离培养和细胞融合，海藻工具酶的发现与利用工作，完成了紫露草细胞微核监测环境污染、耐盐水稻品种培育任务等，奠定了中国在国际海洋植物研究领域的重要学术地位。

科研要创新，才能开启生命之门的金钥匙。方宗熙以优异的科研成果，先后于两年内两次赴法国巴黎参加联合国教科文组织属下的"政府间海洋学委员会"的会议，撰写了数十篇海洋生物方面的论文，曾多次赴美国、加拿大、日本、英国、德国、法国、新加坡等国以及香港特别行政区访问讲学。

探海育人

方宗熙不仅是一位杰出的科学家、翻译家和科普作家，而且还是一位出色的教育家。

1953年4月，方宗熙到山东大学生物系任教，讲授遗传学和进化论。他口才很好，善于表述，深入浅出，诙谐生动，引人入胜。善于将比较高深的学问，通过事例进行讲解。他讲遗传"三大定律"，讲到一些细胞学理论，经常引用一些简单的事例，把很复杂的理论问题说得一清二楚，学生很容易接受，爱听他的课。

方宗熙一贯主张要把中青年教师放在教学和科研的第一线，严格要求他们，耐心指导他们，让他们在实践中锻炼成长。他反复审查和修改他们的讲稿和文章，以便尽快让他们独当一面。为了多出人才，早出人才，他在古稀之年，还一次招收了五名研究生，指导他们研究海藻的各个方面的课题。这五名研究生踏上工作岗位后，有的已担任研究所的领导，有的在科研岗位上做出了新成绩，成了单位的骨干。

在长期教学工作中，方宗熙将自己科研结合教学的心得加以整理，编写了《生物学引论》《普通遗传学》《达尔文主义》《拉马克学说》《生命发展的辩证法》《遗传工程》和《生命的进化》等著作，都被选为高校的教科书或教学参考书。其中，《普通遗传学》五次修订再版。为让学生看得清清楚楚，明明白白，轻轻松松。他都力求去芜存菁，删繁就简，表达中肯，编写成的《植物学》《动物学》《人体解剖生理学》和《达尔文主义基础》四本教科书，既有科学性，又通俗易懂。

方宗熙是个大忙人，除在校任多个重要的领导职务外，还积极参加中国遗传学会等十几国内学术团体的活动，兼任《遗传》杂志等多个主编，担负第四、五届山东省政协副主席等几个重要领导工作。可他从来坚持既探求海洋奥秘，搞好科研，又教书育人，两者从不耽误。

科普惠民

方宗熙年轻时注重博览群书，痴迷中国古典文学，因之知识渊博，著书立说如行云流水。尤其是科普作品，简洁流畅的文字下蕴涵着丰富的内容，深入浅出的述说中蕴藏着深刻的哲理，为群众特别是青少年送去了一份份精神食粮。

1948年，以"少青"为笔名的文章经常给刊登在新加坡的《风下》《现代周刊》和《伦敦通讯》。

回国后，方宗熙在出版总署担任编审，后来到人民教育出版社任生物编辑室主任，负责编写中学教科书。他日夜埋首案头，在不到两年的时间里，为青少年编写成了《植物学》《动物学》《人体解剖生理学》和《达尔文主义基础》四本教科书。

在1950年冬至1953年春，为了发展我国的遗传科学，方宗熙与叶笃庄、周建人合译了达尔文两本生物学经典巨著《物种起源》及《动物和植物在家养下的变异》，还翻译了麦克德莫特著的《人和动物的细胞遗传学》，译文达100万字以上，为在中国推广进化论，提高我国遗传学的学术水平，做出了不可磨灭的贡献。

近半个世纪以来，方宗熙先后撰写了《达尔文主义基础》等中学教科书4种，撰写《普通遗传学》等大学教科书和参考书7种，翻译《物种起源》等世界名著，撰写《古猿怎样变成人》《米丘林学说》《达尔文学说》《生物进化》《生命进行曲》《遗传工程浅说》《遗传工程》《科学的发现——揭开遗传变异的秘密》等科普图书，是一位勤奋工作、热爱祖国的科学家、教育家和知名的科普作家。

方宗熙之所以能够与他平时的专于读书、勤于思考、善于表达是分不开的。方宗熙一生创作了几十本达近百多万字的科普著作，文章结构紧凑，脉络清楚，衔接自然，有血有肉，通俗易懂，向人们揭示了人类和生物进化的遗传学奥秘，指出了遗传和变异的基本规律。他灵活运用辩证唯物主义和历史唯物主义的观点，恣意游走在科学研究与科学普及之间，就做到了驾轻就熟，妙笔生花。作为一个在高端科技领域颇有建树的科学家，却花费大量的时间和精力搞创作，毫无疑问，是志在科普惠民，心在提高国民整体素质，推进科技教育水平，让国家更加繁荣富强。

福·建·科·学·家

大美仁医
——记我国高气压手术治疗舱奠基者李温仁

李温仁

李温仁，男，（1914-1999年）福建省惠安人，外科教授。原福建省立医院院长、福建省人大常委副主任。

难为良相愿为良医

如何驾驭自己的生命之舟？一位在医学上曾创造了全国"八个第一"的外科教授——李温仁，回答了这个问题。

李温仁祖籍惠安，生于北京，19岁来到天津就读于南开大学化学系。日寇入侵，国难当头。患难之秋中，"东亚病夫"的耻辱，国弱民穷之苦，在他心里常常绞痛不已。他苦苦思索：饱尝不如洗刷，洗刷要有本领，人生的生命之舟一定得自己驾驭。瞧瞧自己的双手，余有擒鸡之力，却无匹夫之勇，只能继续求知，以知识改变"东亚病夫"面貌。又觉得光靠理工知识不够，那么念文科吧，走从政的路，又不是自己特长，既然"难为良相"，就只能"愿为良医"，从此立为誓言。他于1934年转到北平燕京大学医科预备系学习，那时日寇占领北平，医学院校园充满了恐怖和危机。李温仁排除社会的院内的各种纷扰，抱着以学为主的信念，为将来行使一个医生的职责而奋发努力。1937年毕业，获理科学士学位及全能银杯奖。接着，继续攻读医学博士学位，于1941年毕业，获美国纽约州立大学医学博士学位及妇产科荣誉奖，并留校当了医生。

35

那年年底，发生的一件事令他愤慨无比。一天漆黑的夜晚，因为学校病房里有病人，李温仁急忙奔回学校，便径直走进校门。乌黑中，一个魔鬼般的人冲到面前，不问三七二十一，照着他的脸狠狠地掴了个耳光。李温仁莫名其妙，定神一看，昏黑中见是日本兵，才明白医学院校门口设了个岗哨，日本人规定凡中国人经过都必须向日本人鞠躬行礼。突起而来的一巴掌把他被震怒了，屈辱啊！他攥着拳正想反击，眼前霎时涌现日本兵打人骂人杀人的情景，何况病人正等着他呢？他收回握紧的拳头，愤然奔向病房。这件事深深地刺痛了他："只有自强自立才能不被外人欺侮。我一定要做出让国人感到自豪和骄傲的成就来。"李温仁像牛一样默默地耕耘在医疗岗位上，努力做出优异成绩。1946年，他大胆开展腰交感神经切除术治疗闭塞性脉管炎，取得成功，当时还是首创。

1947年，李温仁到青岛，任山东大学医学院副教授，后到德国人开的福德医院供职。他刻苦钻研，从实践中不断提高外科医疗水平，大胆地做一些肾结核切除手术，当时属全国领先水平。

1950年，李温仁回到福建，在福建协和医院任外科副主任。主任是一个美国人，飞扬跋扈的，根本看不起他，处处排挤他。而李温仁心中有数，一定要以自己准确的诊断、高超的医术，让美国人信服。有一天，一位病人腹部剧烈疼痛，李温仁立即诊断为急性胆囊炎，不立即手术不行。但洋主任却将信将疑，言语支吾，又不当机立断。李温仁据理力争，马上自己动手手术，果然是急性胆囊炎。在事实面前，洋主任面带愠色，不甘情愿地点点头，不得不信服了。

这年，年仅36岁的李温仁担任了协和医院院长兼外科主任，他医术高超，科研能力强，组织开展了胃切除十二指肠吻合、胆囊切除、胸廓成形、前列腺切除、腰胸椎融合固定、交感神经节切除等新手术，不仅每每成功，而且及时总结，并在《外科学报》（《中华外科杂志》前身）上刊登文章，技术水平居全省的领先水平，还培养了许多人才。1955年开始，率先在省内成立了泌尿等五个外科病房，在省内率先成功地开展了胰头癌根治术、脾肾静脉吻合术、规则性肝切除治疗肝癌等，使我省普外科的水平进入全国先进行列，并成为省内培养外科人才的基地。

1958年，李温仁又兼任福建医学院副院长及外科教研室主任。从此他肩负行政、医务、教学、科研几副重担，辛勤地工作着。1959年，他在国内首先开展结肠代食管治疗高位食管癌成功。1960他在全苏外科大会上报告并演示手术，评价很高。1964年，他自主研制建造了世界上第二台高压氧舱并成功应用于临床，开展心内手术、治疗破伤风等病症，达到国际先进水平，后来他出任了国际高压氧学会主席、福建省外科学会主席几十年。

李温仁不但医疗技术高超，享名国内外，而且思想进步，热爱这个把中国民众从苦难里解救出的中国共产党，忠于这个让中华民族屹立于世界东方的党。他在1954年加入中国农工民主党之后，又于1957年加入了中国共产党，先后当选为第五、六、七、八届全国人大代表，担任省五届人大常委会副主任、农工民主党福建省委会主任委员。

高压舱里创造奇迹

1963年初夏，在北京参加全国医学科学十年规划会议的李温仁，从外国文献中看到的文章介绍荷兰、英国研制成功了高压手术舱。"资本主义国家有的，我们一定要有，资本主义国家没有的，我们也一定要有……"周恩来总理的报告打动了他的心弦。他认定经过自己与科研人员共同努力，一定能在三个绝对大气压下治疗缺氧性疾病和施行手术，一定会取得了良好的效果。

回福州后，李温仁大胆提出把建立高压氧治疗舱纳入十年规划的建议，得到省政府、卫生部的支持。李温仁踏上了建造高压氧舱艰辛的征途。他学的是医学，研究可供参考的资料和图纸，大多超出医学范畴，困难重重。他请来十多个单位的工程技术人员，凭着那份外国杂志的简单报道和自己的初步设计，投入工程建设。遇到难题，他就虚心请教，自己钻研，摸索着解决。1963年9月，主体工程初步建成，短短3个月啊！

试建高压舱，风险很大。有一天，高压舱意外地发出一声巨响，观察窗的有机玻璃在试压时变形爆裂了。气浪击伤了正在观看试验的一位副院长和一位医生，险些夺走他们的生命。"高压舱是一颗定时炸弹……"一时间，人们议论纷纷，试验被迫中断。处境艰难，可说危机四伏。"只要我们努力探索，克服困难，不断改进，就一定能建成。"李温仁面对巨大压力决心依旧，铿锵有力地如此说。

李温仁向妻子潘佩珍求援。潘老师断言事故不是"高压氧医疗舱"本身的问题，而是观察窗上有机玻璃经不起高压的缘故。他接受她的建议，用钢板封闭观察窗，倒装显微镜的高倍镜头就可用了。

李温仁先把动物放进舱内反复进行加压、降压试验，以掌握数据。然后，他提出："若无人进入舱内试验，也就没有临床应用的可能。高压舱是我提议建的，应当是我先进入高压舱。"他说到做到，先想瞒着亲人，但又做不到，为表明自己的决心和忠于科学事业的态度，李温仁写下了"生死状"：若发生不幸事故，后果自负。爱人虽有些顾虑，但被他对科学孜孜追求的精神所感动，为支持丈夫的事业，她在"生死状"上签了字，两个小女儿同母亲一道签上了各自的名字。这是怎样的一种勇气、精神啊！医学院党委深为感动，为慎重起见，请来了上海一位专家检验后，才批准了李温仁的请求。1964年7月的一天，李温仁等七位同志昂首挺胸、义无反顾地进入高压舱，人们捏着一把汗，看着试压，见他们安然无恙走出高压舱，又说身心无不良反应，就互相拥抱，欢呼胜利，宣告了中国第一座、亚洲第一座、世界第三座"高压氧医疗舱"在福州诞生了。从开始设想到取得成功，时间只花一年。在历史长河中，一年，真是短暂的一瞬，在人生的道路上，一年，真的不值一提，而李温仁的这一年，是永恒的，尤其神奇，特别惊险，十分金贵。

为高压舱早日投入临床应用，李温仁朝思暮想。可是，没有试验不能临床应用。当时，盛夏酷暑，高压舱内的温度高达40℃，为了在动物身上先做手术试验，他和助手们自己先做动物。他们勇敢的爬进舱内，一次又一次。那种艰难困苦，年轻人还可忍受，李温仁就不同寻常了。1964年11月，通过近百例的动物实验，高压舱投入临床使用了。此后，高压舱为心脏外科手术成功，做出了不可磨灭的贡献。李温仁与他的助手们也创造了不少奇迹：在正常气压下，阻断心脏血液循环的安全时间是4分钟，李温仁和他的助手们在三个大气压的高压舱内，为一个9岁男孩修补心室间隔缺损时，创造了停止心脏血液循环20分16秒的奇迹。高压舱临床的应用，为桩桩高难度的心脏外科手术成功创造了良好条件，在国内外引起了极大的反响。

"文革"开始，成就成了"罪状"。李温仁专心致志探索新目标只是空想，成了一枕黄粱，"崇洋媚外的反动学术权威"、"间谍"、"反革命"的帽子，接二连三戴到头上。他不仅远离了高压舱治疗疾病研究，还下放到县接受"再教育"。好在周总理给当时的福建省领导人打了电话："你们不要李温仁，我要！"分量颇重的语调，李温仁被火速调回福州，1971年7月任省立医院副院长。

这时，国内相继建成近百个大大小小的高压舱。"我们落后了，我一定要赶上！"李温仁暗下决心。好心人劝他："老李啊，你的问题还没有彻底平反，被打断两根肋骨的事难道忘了，何必还要冒这个风险？"李温仁说："忘不了，但不能有怨气，要有志气和勇气。"从此，高压舱边常有一个年近花甲的老同志，正踌躇满志着手设计建造设备先进、结构完善的大型高压手术舱。因为他把以高压氧治疗疾病为主的研究，发展到以高压氧结合低温施行心脏手术和体外循环心内直视手术为主的研究上来。他患上了肝炎，不听家人催促，不去检查治疗，仍然坚持医疗及科研，直到领导出面强制，他才住院。

和项南在一起

高压氧能及时改善脑缺氧对脑组织的损害，对心脏的复苏具有独特的作用。李温仁在反复实验中，得到这样一个结论。从1971年—1975年，他和助手们在高压舱内，成功地抢救了多例心脏停搏14—25分钟的触电工人重返工作岗位，打破了"心脏停搏时间超过四分钟，大脑缺氧造成不可逆转的损害，即使心脑复苏成功，病人的意识也无法恢复"的外国专家论断。国外医学专家称之为"戏剧性的治疗"、"不可思议的人间奇迹"。

从1964年我国建成第一座高压氧舱至今，全国各地已建成大小高压氧舱近三百座，超过美国和日本的总和。作为中国高压氧医学的创始人，李温仁曾多次应邀赴美国讲学，做心脏手术示范和参加国际性的高压氧医学会议。1984年，李温仁出席在美国洛杉矶举行的第八届国际高压氧医学学术会议，在会上他用流利的英语宣读了两篇学术论文，博得与会三百多名专家的高度评价。同年10月，李温仁受聘为美国第十届高压氧医学会的第一位中国籍国际顾问及高压氧医学基金会副主席，并获得美国克里夫兰医学中心"高水平国际学者"荣誉奖状。1985年，李温仁再次赴美参加高压氧医学会议，宣读了三篇论文，与会的四百多位专家、教授、学者一致公认：中国高压氧医学在临床治疗研究方面已经处于国际的领先水平。

李温仁，这位创建了亚洲第一座、世界第三座高压氧治疗舱的心血管专家、福建省外科的开拓者、福建省心血管外科的创始人，被评上全国科技先进工作者，高压氧手术舱也获得全国科学大会奖及卫生部科技进步奖。

救死扶伤医者仁心

著名话剧《泪血樱花》，20多年前在福州上演，那就是写李温仁抢救日本海员的故事。1971年一天半夜里，李温仁接到一个电话，说有一个日本海员在马尾从9.6米高的地方摔下，昏迷不醒，生命垂危。船长以为必死无疑。但李温仁一心只想救人，而没有想到自己"里通外国"等罪名栽在身上，万一救不活，后果不堪设想。他不管这些，毫不犹豫地为日本海员做脾脏切除手术。由于医术高明，海员活过来了，船长感动得落下眼泪。海员家属从日本赶来，李温仁成了救命恩人。这种事例，不胜枚举。

李温仁常以普通劳动者律己，有时偶尔见到工人下班，尸体没人抬，他也亲自动手。李温仁是一个朴实、自信、顽强的人，他的笑容慈祥而又纯真，曾经温暖过许许多多病人的心。李温仁豁达大度，乐观向上，积极努力的精神，令人敬佩，每当人们谈起"文革"中他所遭受的非人折磨，他总是一笑置之。对"文革"中批斗过他的学生，他也是以德相待，仍旧手把手地传授知识给他们。

医者仁心，风范长存。他的业绩惊人，如"横结肠代食管术"和"高气压手术治疗舱的临床应用"获得1978年全国科学大会奖和卫生部医药科技大会奖。1978年以后获得福建省科技进步奖八项次。1982年曾获美国克里夫兰医学中心授予"高水平国际学者"的荣誉奖状，发表全国性论文六十余篇，著书四本，带硕士研究生十一名，他的名字已载入英国剑桥IBC和美国ABI的世界名人录中。

李温仁同志对党的事业的忠贞不渝，对医学科学执著的追求，对人民、对社会无私奉献的精神和高尚品德，将永远铭记在我们心中。

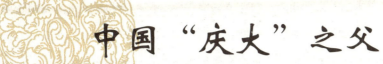

中国"庆大"之父

——记我国抗生素先驱王岳

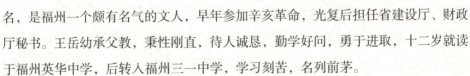

福州南台岛有一美丽的烟台山，绿树掩映着几座平凡建筑，就是福建省微生物研究所。这里诞生的"庆大霉素"，人们耳熟能详，至今依然广泛应用临床，为中国的医药事业产生巨大经济和社会效益。这是由我国抗生素先驱、著名生化专家王岳研究出的，是中国抗生素史的辉煌篇章。

书香门第　名师高徒

王岳，乳名钟五，福建闽侯县（今福州市）人，1915年8月出生，1985年9月逝世。

王岳的父亲是清末秀才，以文章、书法闻名，是福州一个颇有名气的文人，早年参加辛亥革命，光复后担任省建设厅、财政厅秘书。王岳幼承父教，秉性刚直，待人诚恳，勤学好问，勇于进取，十二岁就读于福州英华中学，后转入福州三一中学，学习刻苦，名列前茅。

王岳高中毕业，考入北平燕京大学化学系学习。1937年毕业，获学士学位，继续留校攻读化学研究生兼任助教。不久，日本侵略军进犯华北，北平沦陷，他被迫自北往南，四处辗转。到了1939年8月，先到清华大学植物生理研究所，后成都华西大学，从事教学科研。王岳聪明睿智，为人稳重，做事认真专注，讲求效率，总以出色成绩让人刮目相看，深得导师与同事喜欢。

才华横溢自有贵人相助。1941年8月，美国驻华大使司徒雷登似乎发现，这年

41

轻人一经培养，就会成才，就引荐王岳赴美国新泽西州的洛格斯大学研究生院深造。王岳拜著名诺贝尔奖金获得者、抗生素研究先驱、链霉素和新霉素的发现者瓦格斯曼教授为师，在导师的指导下，他惜秒如金，呕心沥血，刻苦钻研了三个春秋，到了1943年，他才松了一口气，好不容易把全部研究课题都圆满完成，以优异成绩取得微生物博士学位，获得SIGMX学会的金钥匙奖，并受聘为美国默克药厂化学治疗研究所研究员。

在美国学习、研究到1944年，王岳想回国。导师瓦格斯曼教授感到吃惊，给他提供优厚的就业和科研条件，劝他留下。他婉言谢绝，认为，中国尽管贫穷落后，毕竟是自己的祖国，自己有责任和义务返回祖国，为发展祖国的科学事业献身。全美华侨抗日救国浪潮，他更感到自己肩上有副重担，必须回中国。4月，他满怀报效祖国的热情毅然回国。

1947年，王岳探讨粪便在厌氧条件下产生沼气过程的一系列变化，经反复调研，多方研究试验，发表了论著，这在中国，当时是首创。他还发表了介绍各种新抗生素的学术论文，希望能够推广和进行试验，以发展中国的抗生素事业。可是，他的论文及建议政府不接纳，更谈不上提供必要的研究条件，他既茫然又失望，科学救国的理想和抱负成了泡影，满腔热情化为乌有，只好感叹：自己十年寒窗最终"一事无成"。

为国分忧　解民疾痛

1949年1月，王岳回到福建，几经轮转，于1950年4月，任福建师范学院教授。除了从事教学工作外，他始终坚持科研工作，并指导毕业班学生做毕业论文，带领科研人员从药用植物中提取有效成分并测定其抗菌性能。

抗美援朝期间，帝国主义对中国实行全面封锁，把抗生素作为战备物资，对中国实行禁运，国内抗生素药品极度短缺，而那时我国还不能生产抗菌素，许多十分普通的病人，因缺少这种如今看来十分普通的药品而死亡。在这紧要时刻，王岳觉得自己有责任为国为民分忧，立志要填补祖国医药学上的空白。

1952年12月，中国科学院在上海召开专家座谈会，研究我国今后抗生素研究和生产的发展方向。王岳教授应邀参加会议，并接受了抗生素的研究任务。回校后，他积极筹备开展研究工作。1953年夏天他指导四位学生做毕业论文，并因陋就简，克服设备和条件的困难，开始从土壤中分离放线菌，寻找新抗生素。他的工作很快受到了中国科学院的重视，并于1954年被中国科学院任命为兼任研究员，福建师范学院正式成立了抗生素研究室，给他两名助手，拨给专款补助费和设备，以充实实验条件。

1955年，王岳和助手们从长安山土壤中分离到一种抗肿瘤抗生素"23-21"，经提取得到结晶，然后进行临床试验，1956年夏天，他在上海新抗生素会议上做成果报告，获得与会专家的重视和好评。这是我国科学家自己筛选到的第一种抗生素。

1965年，王岳为首的"庆大霉素"研究课题组，开始研究在小单孢菌属放线菌中寻找新抗生素，成员从三人，增加到十一人，没有实验室，他们自己动手将一个旧走廊用黄土、石灰、竹篾混合材料垒成围墙，隔出一间简陋的实验室。实验室里没有专用鞋，他们就用木屐代替，因为木屐可以蒸煮消毒灭菌。试验要求霉菌在335摄氏度恒温条件下发酵，没有恒温机，他们就动手自己造。

1966年，王岳和助手们从福州西湖土壤样品中找到庆大霉素产生菌。研制庆大霉素的关键，是要从众多广谱菌种中筛选出庆大霉素的"小单孢菌"，它是水生微生物，多生长于湖泊底部的淤泥中。科研团队走遍了全省甚至全国各地的大小湖泊，提取各种湖底淤泥样本。最后竟然是从一把取自福州西湖湖心亭的泥土中筛选出庆大霉素的"小单孢菌"，为庆大霉素药物研制奠定了成功的基础。当时没有培养实验用的菌种培养基，他就自己动手配置，这些培养基原料必须从鱼腹里采取，他派人骑着自行车到鱼店去采集原料。夏天实验室没有空调，研究人员打着赤膊，穿着裤衩上阵，实验室充满了鱼体内采下原料的腥臭味。可谓西湖淤泥发现菌种，亲身试验药物性能。

正当科研如日中天，"文化大革命"开始，王岳在政治上受到不公平的待遇，中断了研究室的重大科研任务，但他仍惦记心爱的抗生素研究。在上级领导的关心下，"文革"后，他恢复了工作。经过不懈努力，反复试验，他和助手从小单孢菌中分离到闻名全国的庆大霉素产生菌，庆大霉素研究终于成功了，这是科研人员在"文化大革命"的严酷历史背景下，冒着各种危险、顶着各种压力、克服极其

43

简陋的科研条件和艰苦环境，长期不懈坚持攻关的结晶。庆大霉素的面世，使我国拥有了一种急需的临床和战备的重要抗菌药物，不仅挽救了很多人的生命，保障了人民群众的健康安全，打破了国际上某些国家对我国的封锁，并开始生产。从此，福建省微生物研究所，成为我国抗生素研究和开发的重镇之一，在国际上产生了一定影响。

1969年建国二十周年大庆时，庆大霉素正式投产，中国自主生产抗生素的大门从此打开。据统计，自投产到1985年，先后在全国28个城市、50多家制药企业进行规模生产，创造了上百亿元的经济效益，福州抗生素股份有限公司，自2002年至2008年共生产337吨庆大霉素，销售收入达3亿7千多万元。

庆大霉素的发现，填补了我国的一项医学空白，将中国抗生素研究、生产推向一个崭新阶段，为中国医药界做出重大贡献。

百尺竿头　更进一步

1979年，王岳回到福建省微生物研究所任所长。他勇于创新、积极改革，提出了撤销研究室设置，改为按研究任务自由组合，实行课题责任制，课题组由所长直接领导管理。这些改革和实践，对促进研究所出成果出人才起了积极的作用。

1980年王岳和他的助手又成功地制备了庆大霉素C族各单组分的国家标准品，为我国庆大霉素产品出口提供了质量保证，庆大霉素系列药物已发展成为我国临床和出口创汇的重要药物之一，创造了巨大的社会和经济效益。

他在研究内容方面，继续创新。除了保留从小单孢菌中寻找抗感染药物以外，他高瞻远瞩地提出开辟从微生物代谢产物中筛选酶抑制剂、免疫抑制剂等生理活性物质研究新领域，并组织实施。在短时间内，相继从小单孢菌中找到了比庆大霉素疗效更高更安全的紫苏霉素和武夷霉素。他敏感地意识到庆大霉素组成分含量对质量控制的重要性，提出组分分离的研究课题，几经努力，成功地分离出高纯度的庆大霉素单组分C1a、C1、C2，对鉴定庆大霉素组分和质量控制起到很好的作用。

王岳在镰刀菌中找到用于器官移植的新型免疫抑制剂——环孢素，成为目前临床器官移植抗排斥治疗的重要药物，改变了我国器官移植抗排斥药物依赖进口的局面，推进了我国器官移植事业的发展。他找到胃蛋白酶抑制剂产生菌，应用于农业生产中。这些新领域的开辟，对我国抗生素研究影响深远，微生物来源的免疫抑制剂研究成为福建省微生物研究所的研究特色之一，并投入生产，为我国的医药工业增添了一批新产品。

王岳对教学和科研工作认真负责，并精心指导年青的科技人员，深受学生与员工的爱戴。他一生的许多阶段，是在极其困难的条件下，克服种种困难，数十年如一日，对工作兢兢业业，对发展我国的科技、教育事业具有高度的责任感，培养出大批教学、科研人才，为发展我国的微生物学及抗生素的研究和生产做出了重大的贡献。

王岳相信科学，更相信党。"文化大革命"中，他深受迫害，仍动摇不了他对祖国的忠诚，他说："我深切体会到马克思主义本身就是伟大的科学，马克思主义者最信科学"，"三十年来的科研实践证明，科研必须由党来领导，只有按党的方针政策进行科学研究，结合国家和人民的需要进行研究，科研就不会迷失方向"。因此，他身处逆境，仍然孜孜不倦地进行译作，掌握国内外微生物研究的动态和发展趋势。粉碎江青反革命集团后，中共福建省委、省政府请他出来工作，他提出了研究微生物新领域的战略设想，并且翻译出版了二十多万字的《生物学家的物理化学》一书，受到科学界的高度评价。

王岳教授留下了六十多篇的学术论文、译作和专著。庆大霉素研究项目取得的成果十分重大，于1978年获评为全国科学大会奖。他还在国际微生物研究中心瓦格斯曼研究所的讲坛上作了自己研究工作情况和成果的报告，使美国的科学家们感到震惊。母校洛格斯大学授予他该校"R"纪念章荣誉。是年他被评为福建省劳动模范。

百尺竿头，更进一步，科研伴随着伟大的生命。烟台山，这座充满异国情调和中国文化沉淀深厚的山，依偎着母亲河—闽江，站立了千年万年，阅尽了人间春色，今天依然带给人们无尽的快乐和遐想。王岳先生一如这座山，用自己的不变的忠诚，守护着全社会的伟大生命，于是，他也和全社会的伟大生命一样伟大！

科学家 教育家 政治家
——从卢嘉锡院士的座右铭说起

卢嘉锡有一座右铭：吾日三省吾身——为四化大局谋而不忠乎？与国内外同行交流学术而乏创新乎？奖掖后进不落实乎？今天看来，这"三省"与他的三重身份恰好吻合：作为国家领导人，他奉行"谋忠"；作为科学家，他追求"创新"；作为教育家，他注重"掖后"。

科学家

卢嘉锡天资聪敏，勤奋好学，年幼就为创新开展科研与教学，打下坚实的基础。他13岁就考入厦门大学预科，连续四年获陈嘉庚奖学金。1934年本科毕业，是化学、数学双学士，留校任化学系助教。

1937年，卢嘉锡考取了第五届中英庚款公费留学，选取"放射性卤素的化学浓集法"作为博士学位论文题目。他创新研究方法，成功地制备了浓缩因素非常高的放射性溴的浓缩物，研究成果发表在国际权威的化学杂志J.Chem.Soc上。1939年获博士学位。在人造放射性领域，他是国际上早期成功地分离出放射性高浓度浓缩物，并进行定量研究的化学家，出色地完成了多项研究课题。

1943年，卢嘉锡和多诺休（J.Donohuo）采用电子衍射法测定了硫氮（S4N4）、砷硫（As4S4）等化合物的晶体结构。他是我国从事电子衍射结构分析的第一人，平息了国际上关于硫氮类化合物结构的长期争论。

卢嘉锡创新研究，持之以恒，努力攀登科学高峰，成果累累。

在加州理工学院，卢嘉锡巧妙地用尿素过氧化氢加合物，并培养出这种加合物的单晶。1945年获得美国科学研究与发展局颁发的"科学研究与发展成就奖"。

1945年，卢嘉锡满怀着科学救国的热望回国，在当时开展研究工作十分困难的条件下，仍然十分努力。卢嘉锡提出一种处理等倾角魏森堡照相衍射斑点的洛伦兹偏振因子的图解法，被收录入"International Tables for X-ray Crystallography" Vol.Ⅱ（1959），称为"卢氏图表"（Lu's Chart），在计算机技术广泛应用于晶体结构分析工作之前，一直被国际上普遍应用了几十年。

20世纪60年代初期，卢嘉锡在创办福建物质结构研究所的同时，组织和领导过渡金属络合物和一些簇合物、硫氮系原子簇化合物以及新技术晶体、材料等方面的研究，并取得了一些可喜成果。

20世纪70年代以后，卢嘉锡组织和参加我国化学模拟生物固氮研究并取得重要理论成果，并引为契机，发展我国原子簇化学。

1978年，他倡导开展过渡金属原子簇化合物研究，在合成和表征了200多种新型簇合物的基础上，总结和发现的两个重要规律，即"活性元件组装"和"类芳香性"，受到美、英、日、德、法、苏等几十个国家同行专家的重视，对国际原子簇化学的发展产生了深远影响。

长期以来，卢嘉锡化学选择了上述学科作为研究的主要方向，逐渐形成了独特而系统的科研指导思想，这就是"五重双结合"：实验与理论相结合（以实验为主），化学与物理相结合（以化学为主），结构与性能相结合（以结构为主），静态与动态相结合（以静态为主），基础与应用相结合（以基础为主）；"四个一些"：看远一些，走前一些，搞深一些，想宽一些；"三个立足"：立足改革，立足竞争，立足创新。这在形成自家特色、推动科研创新中发挥了重要作用：一是提出固氮酶活性中心的结构模型，二是进行关于"活性元件组装"设想及试验，三是进行关于"类芳香性"本质的研究。从而合成出了许多新型类立芳烷型的簇合物，完成的天花粉蛋白空间结构测定，建立了国际上第一个核糖共活蛋白的分子模型，研制成功了几个系列的新型晶体材料。BBO晶体的研制获1984年中国科学院科技进步特等奖。LBO晶体的发现和研制获1991年国家发明一等奖。福建物质结构研究所还研制成功国际上公认的晶体，开拓了国际市场，出口创汇，产生了巨大的经济效益。

由于卢嘉锡在结构化学方面的突出贡献，又获得1991年中国科学院自然科学一等奖和1993年国家自然科学二等奖。在多年的奋斗中，物构所累计取得了140项科研成果。其中重大成果40项。物构所已成为我国原子簇化学研究中心和国内外新技术晶体材料的研究中心之一，蜚声海内外。

教育家

1946年1月，卢嘉锡回到厦门，决心实现自己"报效祖国"的誓言。最初，厦大、浙大两校争聘他，他左右为难。后来经朋友调解，最终达成一个两全的"协约"——交叉往返于厦杭之间。

善于运用既形象又贴切的比喻上课，正是卢嘉锡教学的显著特点之一。许多他当年的学生回忆说，听卢先生讲课特别轻松，他能化抽象为形象、化艰深为平易、化枯燥为幽默，且入木三分，让人听了有如沐春风、如入胜境之感。为之倾倒的不仅有听课的学生，还有不少教师甚至资深教授。1947年初，当卢嘉锡第一次

在浙江大学的教学即将返厦之际，该校数百师生联名写下了热情洋溢的挽留信。

南来北往，卢嘉锡的教学生涯从此拉开了序幕。那几年，初露才华的他就蜚声讲坛。

卢嘉锡对判断科学事实和提出科学预见，有一独到见解的"毛估"模式，教导学生思考问题时要学会先大致估算出结果的数量级。他常说"毛估比不估好"，要尽量避开繁琐的计算，以便迅速地抓住问题的本质，必要时再进行仔细的计算，以提高解决问题的效率。他让学生记住一个奇特而有趣的结构式——C3H3，即Clear Head（清楚的头脑）、Clever Hands（灵巧的双手）、Clean Habit（洁净的习惯）。多少年来，这些富有启发性的格言，让不少学生受益终生。

卢嘉锡注重"掖后"，即对学生扶持推进，体现在育才有方有效上。有数字表明，1966年前，厦门大学共培养出63名研究生，其中41名出自化学系，占将近三

分之二。卢嘉锡的贡献，由此可见一斑。

厦大校长王亚南欣喜地发现，卢嘉锡不单学识渊博，还具有非凡的教学才能和组织管理能力。不久，卢嘉锡被提升为副教务长，兼理学院院长。

卢嘉锡常说："一个老师，假使培养不出几个比他出色的学生，这个老师就没尽到责任。"在他的促成下，包括蔡启瑞在内的几十位教师和学生，得以公派出国留学，回国后成为各自学科领域的带头人。在他的学生中，有多位两院院士、大学校长以及众多教授、研究员。他在化学教育上的贡献整整影响了一代人。

卢嘉锡与蔡启瑞均为中国科学院院士、我国化学界杰出的科学家。1945年，卢嘉锡担任厦大理学院院长兼化学系系主任，十分赞赏蔡启瑞，全力推荐蔡赴美留学。回国后他们又并肩攻关。蔡启瑞回忆，抗战胜利后，厦大经费困难，人才缺乏。卢嘉锡不仅认为选对人才出国培养是最快捷有效的方法，而且说到做到，立即把系里一大批优秀人才推荐到国外学习。后来这些留学生回到厦大，成了化学系的教研骨干力量。他是前人种树，我们是后人乘凉。厦大化学系至今长盛不衰，卢先生有很大一份功劳。目前厦大化学系的主要学科框架——电化学、理论化学、结构化学和催化化学，学科带头人几乎都与卢嘉锡的培养有关。多少年来，厦大化学系的师生，对这位让厦大化学系长盛不衰的著名科学家和教育家，钦佩不已。

卢嘉锡一生桃李满天下，和很多教育家一样，培养的大学校长有一二十名，院士也有七八名。

政治家

作为科学家和教育家，卢嘉锡已发表了三百多篇论文，出版了四十万字的《卢嘉锡论文选》和学术专著，并"披后"了许多教育家、科学家、名人乃至各级领导干部。同时，他还是一个社会活动家、国家领导人。

1946年1月由上海回到厦门，卢嘉锡决心实现自己"报效祖国"的誓言，因此，科研教学特别努力。解放初期，时任厦大校长的王亚南，发现卢嘉锡具有非凡的教学科研才能和组织管理能力，就提升卢为副教务长，兼理工学院院长。

1960年起，卢嘉锡奔赴福州参与创建和领导了福州大学和中国科学院福建物质结构研究所。那时正值三年困难时期，生活苦、师资缺、校舍尚未完工，"真是困难重重"。他倾尽心力创业啊，也不知消耗了多少心血，熬白了多少青丝。好在他善于动脑、善用巧劲，采取"请进来"和"走出去"的办法，聚来不少人才，教

49

学科研很快初见成效。

"文革"中，批判会、"牛棚"有他，扫地、刷厕所卢嘉锡不得不干，他的梦想落空了，痛苦极了。1969年的一天，出乎他意料的是，"革委会"准许他"下厂锻炼""搞科研"，他欣喜无比，无怨无悔干起来了。多年后才知道，原来是周恩来总理交代要将他"立即解放、安排工作"。

此后，卢嘉锡带领物构所领导和科研人员，只争朝夕，奋斗不已，以140项科研成果，把物构所建成我国原子簇化学研究的中心，叫新技术晶体材料的研究中心之一的美名传扬世界。

1981年5月，卢嘉锡任中国科学院院长。他既有光荣感和责任感，更有紧迫感。他认真贯彻执行党和国家在改革时期的科技方针，坚持科研工作要更好地为国民经济和国防建设服务，不坐等"依靠"，而是主动"面向"，积极"投身"，进行了一系列重大改革。

卢嘉锡推动科学院从行政领导为主向学术领导为主过渡，实行所长负责制；对科研工作实行分类管理，同时多方开展横向合作；他组织对国家建设中的重大问题进行科技攻关，组织科技人员到生产实践中找课题……建立科研课题的同行评议制度，实行"择优支持"的经费管理改革；创立了开放研究实验室制度，倡导并建立中国科学院青年科学基金等等；为中科院发展、"四化"建设做出重大贡献。

1982年，中国科学院科学基金诞生，卢嘉锡出任首届主任。同年，他还担任了中国化学会理事长、中科院党组书记职务。

1988年，时任农工民主党中央副主席的卢嘉锡当选为第七届全国政协副主席，以后又先后当选为第八届全国人大常委会副委员长、第九届全国政协副主席。卢嘉锡深知，进入国家领导人的行列，这不是他所热衷的目标，但却体现了党和人民对他的信任。作为国家领导人，卢嘉锡仍不失科学家教育家的本色。1991年的政协七届四次会议上，他发言《大力发展科技和教育，为实现第二步战略目标而奋斗》，其中第一个小标题就是"树立科技兴国的意识"。他强调"兴国先育才的战略"和"兴国大计教育为本"，必须把教育放在优先发展的战略地位。卢嘉锡的发言博得全场四次热烈的掌声和强烈的反响。

从政十多年间，卢嘉锡特别关注科技与教育事业的发展，特别重视依靠科技和智力辅助和发展各项事业，包括"老少边穷"地区的经济建设，古道热肠的参与国内外学术交流，鼓励和支持青年科学工作者的成长。他积极倡导智力支边，多次深入各地海港、工矿、山区、农村考察，为国家和当地经济社会发展出谋献策；他为头两届"中国十大杰出青年"评选青年科学家都未入选感到心焦，致信中央领导提出意见建议；他在出席"中国十大杰出青年"颁奖仪式时激励青年刻苦学习，艰苦奋斗，建功成才；他为几位科学家在"邱氏鼠药案"中一审败诉鸣不平，与多位院士联名发表公开信，呼吁维护科学尊严……

一位科学家、教育家出身的国家领导人，仍然身居高位仍不失本色，做出了不可磨灭的杰出贡献，是忠于党、人民、"四化"事业的表现。卢嘉锡是一位德高望重、平易近人、待人热情、可敬可亲的师长；他是一位热爱祖国、热爱科学、热爱教育事业的学者；他是一位胸怀宽广、不计前嫌、严于律己、宽以待人、具有高尚品质的长者。总而言之，卢嘉锡是一位卓越的科技、教育组织领导者和活动家。

"吾日三省"丹心照江山，"人工固氮"伟绩比日月。一生写照，永载史册。

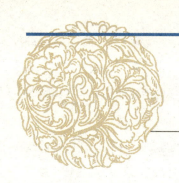

气动春秋
——记空气动力学家沈元

沈元（1916年4月–2004年5月），福建省福州市人，空气动力专家，1940年毕业于清华大学，1945年获英国帝国理工学院航空博士学位。1952年10月，北京航空学院教授、副院长、院长兼院党委副书记。1956年加入中国共产党，1980年为中科院院士，1983年后，任北京航空学院（后改为北京航空航天大学）名誉院校长。

爱国爱党

沈元从小参与家庭漆器作坊的一些劳动，受到一丝不苟、严格要求的家风的熏陶，听着福州双抛桥下潺潺流水，度过了既勤奋读书又做些漆器活的童年。那时，他经常想要学好本领，将来报恩父母、报效祖国。

1935年，沈元从福州英华中学高中毕业，由于经济原因，跟着父亲到青岛，参加漆器营销。父亲知他志存高远，展销会结束后，让他到北平求学。当时入学考试已过，只好折回。好在母校已保送他去的燕京大学，可又没有他所想学的工科。沈元只好在次年夏天，考进了清华大学机械系，学习航空工程。

战乱，伴着沈元的大学生活。进入，1937年7月7日"卢沟桥事变"爆发，他进清华才第二年，日本全面侵华战争就来了。清华大学仓促撤退到湖南长沙，和北大南开三所大学，在岳麓山下的部分房子上课，怀着愤恨的心情，狠狠读了一个难熬的冬天。1938年，日本侵略军大举南下，国民党军队败走千里，战火很快要烧到长沙。沈元又跟着学校300多位师生，背着简单的行李，步行2000余里，来到了昆明，进入西南联合大学。国破山河沦陷，心中萌发国民党救不了国的念头。很艰苦的抗战生活啊！师生们在简陋的校舍里，在仪器设备极端缺乏的条件下，忍饥挨饿地艰难生活、刻苦学习，终于熬到了1940年，他毕业留校，任航空系助教。

富有正义感的沈元，是爱国知识分子。从学生时代起，他就积极参加爱国运动。"九一八"事变发生时他在福州上中学，日本侵略军的侵略行为，使青少年沈元心中深深埋下了抗敌救国的种子。1935年冬天，他在北平参加了"一二·九"学生运动，反帝爱国的决心得到淋漓尽致的宣泄。江山多么美好，祖国多么可爱。大后方抗战的艰苦生活，异国他乡的以夜继日钻研，抗击日寇的决心依然故我，热爱祖国的热情日益高涨，献身祖国航空事业的宏伟目标扎根心中。1946年夏天，他谢绝了英国大学待遇优厚的聘请，回到了战后的祖国。中华民国时期，国民党的航空委员会所把持着航空科学研究机构，哪个要害工作由谁担任，都由他们定。要想进入一个科教机构工作，都必须加入国民党，否则，上天无门，入地无路。沈元对于国民党统治的腐败，早已深恶痛绝，参加国民党，下一辈子也决不愿意。其实，在此之前，国民党两次企图拉他入伙。一次是出国之前，国民党当局在出国人员中反复动员，要他们履行入党手续后再出国。沈元顶住了。另一次是在英国，当时中国驻英使馆的国民党官员通知沈元说：你为什么还不入党？要马上填表，补行宣誓仪式。又被沈元拒绝了。他两度顶住压力，拒不接受，难能可贵啊！现在回国了，不愿意与国民党同流合污，那就意味着就要放弃进入航空委员会的机会，可他很希望继续做研究工作，为祖国航空事业作出贡献。还好，母校邀请他，沈元欣然接受，立即回到清华大学航空系，任副教授，一年之后升任教授，这时才31岁。

1948年12月，清华园里清晰可闻解放战争的隆隆炮声。国民党当局仓促中，胁迫清华的教授们逃往南方，航空系主任一溜烟地乘飞机跑往美国了。在中共地下党的领导下，沈元反对国民党搬迁清华的阴谋，坚决站在一批进步教授一边，和他们一起反对逃跑，并参加了护校活动，迎接解放。在航空系地下党员何东昌、屠守锷等人推荐下，沈元被推任清华航空系主任。1949年2月北平和平解放，从此沈元开始了在新中国的生活。

沈元爱国也爱党，1950年，听从党的安排，任中科院数学所和清华大学教授。第二年，任命他为清华大学航空工程学院长。1952年全国院系调整，成立了北京航空学院，36岁的沈元被任命为副院长。他愉快地服从了党的教育事业的需要，一切都要从头开始。从基建计划到课程安排、师资培养和师生生活，沈元全心全意地投入。他亲自领导师资培养、专业设置、重大科研项目的开展和实验设备建设等方面工作，组织大批青年教师向苏联专家学习，使学院的师资队伍及时充实、壮大。

1956年，沈元参加制定国家科学技术远景规划，预见到宇航事业和导弹工业需要人才的紧迫性，采取了果断措施，克服很多困难，组织建立了火箭导弹方面的一套新专业，逐渐成为中国航天事业的技术骨干。他的突出表现，得到领导和同志们的高度评价，发展他加入了中国共产党。

气动春秋

1943年，沈元考取了英国文化委员会提供的奖学金，被推荐到英国伦敦大学帝国理工学院航空系当研究生，攻读博士学位。授予博士学位，英国以严格著称。学位有两种；一是在科学研究后写出高水平的论文，经考试答辩通过；二是从事科学技术工作多年，成就显著，并有多篇著作发表，经申请批准。沈元报国之心迫切，决定用两年时间获取博士学位，征得导师同意，结果两年就拿到了博士学位。

沈元的专业是空气动力学。这是一切飞行器在大气中飞行的理论基础，集中在解决飞机从亚音速向音速逼近时的空气动力问题，也是设计飞机的基本理论依据，在当时航空发展上具有关键意义的课题。沈元在英国留学期间的科研很出色，依靠手摇计算机，进行大量繁杂的计算，付出艰苦的劳动，终于对圆柱体在高速气流中的运动规律，得出了很有价值的成果，为设计新型高速飞机奠定了理论基础，其研究成果对当时了解跨声速飞行中的气动问题具有开创意义，受到国际空气动力学界的重视，是有划时代意义的创造。沈元也因此被接纳为英国皇家航空学会副高级会员。

1958年，沈元争取到有限经费，经过不懈努力，在北京航空学院自行设计制造了国内第一座中型的超音速风洞。这是中国大学的第一个风洞，在教学和科研上发挥了很好的作用。同时，还开展了新型飞行器、高精度陀螺以及测试技术等方面的研究和设计试制工作，设计制造了高空实验设备、液体火箭发动机和冲压发动机试车站、热应力实验设备等重大教学科研实验设备，填补了中国当时在这些领域的空白。

"文革"期间，沈元院士曾受到很大冲击，"反动学术权威""航空界霸主""走资本主义道路的当权派"等几顶帽子都压在了沈元的头上，长时间的批斗、迫害、侮辱，沈元始终不曾说过一句失掉原则的话，保持着一个知识分子共产党员的高风亮节。他从来不间断空气动力学的研究和教学，树立了一个科学家的光辉形象。

北京航空航天大学，从无到有、从小到大，今天已发展成为航空航天和国民经济其他部门培养高级建设人才的理工管文的综合大学，设有航空科学技术研究院北航分院（内有6个研究所、室，14个跨学科研究中心）、研究生院、继续教育学院、管理学院、宇航学院、飞行学院、海淀应用技术学院等学院，及16个系，36个本科专业、61个硕士点、22个博士点；有5个国家级重点学科、4个国家级重点实验室、6个国家级专业实验室；有5个博士后流动站。成为全国培养航空航天人才和科学研究的重要基地。

老院士沈元五十多年气动春秋，还有惊世的两篇论文《大马赫数下绕圆柱的可压缩流动的理论探讨》和《高亚声速下可压缩性流体绕似椭圆柱体的流动》，确实为祖国航空航天事业做出了突出贡献。

桃李芬芳

1948年的一天，福州"英华斋"高中的课堂里，临时客串数学科的沈元以生动幽默的口吻说：数学是科学王国里最尊贵的王后，'数论'是王后头上戴着的金光灿灿的王冠，而两百多年来没有破解的'哥德巴赫猜想'，就像是王冠正中央那颗明珠！同学们，努力吧，将来去证明这道世界难题……"教室里轰地一阵大笑："连世界上最伟大的数学家欧拉都没有办法证明的问题，我们能够证明吗？"这时，唯独一个平时沉默寡言的学生陈景润没有笑。他紧锁着眉头。沈元老师生动的叙说，在学生的心中埋下了种子，成就了我国数学领域的一个传奇故事，一个学子的人生辉煌！沈元，一个科学家科技救国的情怀，在三尺讲台上放射出灿烂的光辉。

从上可见沈元教学天才。1952年，沈元任北京航空学院副院长，把美国和苏联教育经验结合起来，进行重大改革，是改革的领导者。两年之内一把全校的本科教学走上正轨，就抓紧科研工作的推动和组织。1958年，就有了一些科研的辉煌成就。他亲自设计监造了一座椭圆工作段低速回流式风洞，仍在北航的教学科研中发挥作用。

1980年10月，沈元被任命为院长。1981年当选为中国科学院学部委员(现中国科学院院士)，又连任中国航空学会学会的第一、二任理事长。1982年11月他从第一线退下任名誉院长。1988年4月由北京航空学院更名的北京航空航天大学，他继续任名誉校长。

四十余年来，沈元为航空航天高等教育事业的开拓和发展，倾注了大量心血。从北航的筹建、办学方针的确定、教学计划的制定、师资队伍的建设、专业的设置以及重大科研项目的开展和实验设备的建设，都起到了重要的领导作用。他热诚地为他所担任的职务而操劳奔波，认真地履行自己的职责。他和他的同事们，一起出色地培养了5万余名的航空航天及其他建设人才。

由于沈元为祖国的航空航天事业的发展所做出的突出贡献，原航空航天工业部授予沈元教授"有突出贡献的专家"和"劳动模范"的称号。1996年2月的一天，李岚清副总理看望沈元教授称赞他"桃李满天下，不愧是航空教育界的泰斗"。

桃李满天下 论著等身高

——记我国著名麻类专家卢浩然教授

卢浩然，1916年5月1日出生于福建省三明市大田县，1942年南京中央大学农学院研究生毕业，1943年10月赴印度留学，获得博士学位，1946年回国任南京中央大学农学院副教授，1949年2月任福建省立农学院教授。新中国成立后，他历任福建农学院教授、农学系主任、教务处处长、教务长、副院长、学术委员会主任、顾问、遗传研究所所长等职。卢浩然1952年9月加入中国农工民主党，担任农工民主党福建省委员会副主任委员、主任委员、名誉主任委员，他是第三届全国人大代表，第五届、第六届全国政协委员，第一届、第二届福建省人大代表，第五届福建省人大常委，政协第四届、第五届、第六届、第七届福建省委员会副主席。

科学教育救国

卢浩然自幼喜欢读书，私塾时，就读过不少散文和小说。1933年，从福建省立晋江初级中学结业后考入福州市第一中学高中部，1936年毕业。卢浩然喜爱文学和数理课程。少年时代受到著名教育家陶行知先生的思想熏陶，萌发了立志学农、以求科学教育救国的愿望，决心要为改变我国农村的贫穷、愚昧和落后面貌而奋斗终生。

57

卢浩然青年时期，生活在炮火纷飞的岁月里。1936年夏，卢浩然怀着满腔热血，报考国立中央大学农学院农艺系。入学后，他立足打好基础，就努力学习专业知识。

1937年"七七"事变时，卢浩然还是一个大学二年级的学生。出于对日本帝国主义的憎恨和爱我中华的热忱，他一面勤奋学习，一面积极参加抗日救亡活动，撰写有关战时粮食生产、消费和运销等问题的文章，刊登在1938年《四川经济》月刊上。

1940年，卢浩然以优异成绩获农学士学位。在国家遭难的日子里，他做出的毕业论文只能是关于水稻遗传的研究，尽管有许多无赖，但他心中救国理想依然不变。

同年，卢浩然考取中央大学研究生，继续进行水稻遗传专题研究，1942年获农学硕士学位。其实，他这时是一个一专多能的研究生，想以较全面的本领，参与到教学和科研的救国战线中。因为，他在读大学本科和研究生的6年期间，他除了完成必修课程和论文外，花了不少时间加强基础课和外文课（英、德、日）的学习，并选修了与作物遗传育种有关的一些专业基础课。

1943年，卢浩然通过考试，以中印交换研究学者的身份，在孟买大学国际著名遗传育种学家B.P.Pal（巴尔）博士指导下，继续从事杂种优势的理论及其应用研究。1945年日本无条件投降时，他身居异邦，心驰祖国，在无比激动之余用英文写了一篇小品《梅花——中国的国花》，以梅花傲风雪的风姿喻中华民族坚韧不拔的气节，欢庆八年艰苦抗战的胜利。1946年获农学博士学位时，导师对他的《作物杂种优势》博士论文给予了高度评价，认为他对这个国际公认的难题作出了贡献。这年，他满怀的热忱回到中央大学农学院农艺系任副教授。

随着全国解放的炮声，卢浩然心中经常荡起科学教育救国的阵阵涟漪，可以大显身手了。他于1949年发表了许多相关论文，为我国杂种优势的研究和利用奠定了基础。

黄麻遗传育种

卢浩然是一位学识渊博、硕果累累的作物遗传育种专家，是国内作物遗传育种学科的带头人。他是国内最早涉足作物杂种优势研究的少数专家之一。

卢浩然开始涉足黄麻生产问题，是在1939年暑期，参加金善宝组织的四川耕

黄麻

作制度调查，他如痴如醉，认真收集调查情况，做好调查笔记。留学印度期间，他对印度的黄麻科研动态也比较关注，写出有质量的资料。他为我国杂种优势的研究和利用奠定了基础，于1949年发表的作物遗传育种论文，得到国内外好评。1947年兼任农林部棉产改进处名誉技正及南京麻种场名誉场长时，开始黄麻的天然杂交、性状相关等基础进行研究，当年春天他建议从印度引进"D –154""翠绿"黄麻种子十余吨。这两个品种成为我国50年代黄麻生产的主要推广良种。他培育了黄麻和水稻等良种，在全国大面积推广，获得显著经济效益和社会效益，并获全国科技大会奖，省政府重大科技成果二、三等奖。被中国作物学会麻类专业委员会推选为第一、二、三等奖。他还被中国作物学会麻类专业委员会推选为第一、二届主任委员，中国遗传学会第一、二、三届理事，福建省遗传学会第一届理事长，第二、三、四、五、六届名誉理事长，福建省科协第一、二届常委及

水稻

第三、四、五届荣誉委员，1991年获国务院特殊津贴，1988年印度遗传育种学会授予他荣誉会员称号。

改革开放以来，卢浩然始终关心和指导福建省农工民主党的自身建设，团结和带领全省广大农工党成员，紧紧围绕省委、省政府中心工作，发挥智力优势，深

入基层开展农业和农村工作的调研、扶贫和咨询服务，为我省经济的发展积极建言献策，做出了应有的贡献。

育人论著相长

卢浩然是一位造诣很深的农学家。他忠诚党的教育事业，长期主持学校的教学管理工作，并作出了重要贡献。他一贯坚持理论联系实践，实行教学、科研、生产（推广）三结合。在长期的科研与教学研究中，他还坚持了下述"四个结合"的治学立业之道：

（1）教学与科研结合，既出人才又出成果。他主讲过的课程，包括农学系遗传育种专业的全部必修课，以及麻类育种、栽培和研究生专业课，始终注重联系生产实际，组织研究生和青年教师开展专题研究，从实践体会教学内容。实践证明，效果甚佳。以他为学科带头人的福建农学院作物遗传育种研究所，人才辈出，成绩斐然。

（2）育种与遗传研究结合，既从育种实践中提升理论，又用遗传理论来指导育种实践。1943年他与徐冠仁在《印度植物遗传与育种》杂志上发表了《水稻植物学性状的遗传研究》一文，并获国内自然科学论文二等奖。20世纪五六十年代，他担任福建农学院农学系主任、副教务长时，主持遗传育种的教学与科研工作，与中青年教师一起选育推广了矮秆、高产的"梅峰号"水稻品种，总结出许多有关亲本选配原则如杂交后代的选择方法；结合育种、研究具有经济意义的一些质量性状和数量性状的遗传规律；联系杂种优势利用，探讨了核质互作和配合力；结合品种资源研究，对构成品种类型的主要特征进行聚类分析。所有这些，对增加学生的学习兴趣，提高青年教师的教学水平，都发挥很好作用。

（3）育种与栽培研究结合，既推广良法，又充分发挥良种的增产潜力。他编写的《黄麻优良品种——梅峰4号和"197"》科普小册子，强调了良种良法相结合对普及良种的意义与效果，在同业引起很大反响。

（4）研究与推广结合，既采取多点试种，又送种上门、下班讲课、下田指导。这些多种形式的教研，为使学生和教师提高水平，为使科学技术迅速转化为生产力，起到了特好效果。

他是一位学识渊博、硕果累累的作物遗传育种专家。他参加编写的《中国黄麻品种志》是我国第一部较完整的专著，他还担任《中国麻类作物栽培学》《中国农业百科全书》麻类分支的主编和《中国麻作》杂志主编，先后发表学术论文、专著和科普作品百余多篇（册）。

卢浩然数十年如一日，坚持不懈地开展黄麻遗传育种与品种资源研究。他先后与郑云雨等中青年科学工作者选育出10个黄麻优良品种。1978年"梅峰4号"获福建省科学大会奖；1980年"闽麻5号""179"分别获省科技成果二、三等奖。他还开展了一系列遗传研究，先后发表有关黄、红麻的论文、专著共三十余篇(册)，其中他与祁建民合写的《黄麻品种产量与纤维品质性状的相关遗传进度与选择指数》《黄麻的遗传》《黄麻数量性状遗传潜势的分析》等论文，分别获福建省科协优秀论文奖和福建省高校科学理论成果奖。半个世纪以来，他在麻类作物科学园地里潜心研究，获得10项科研成果奖。

卢浩然重视教师队伍的建设，特别注意培养青年骨干和新一代学术带头人。他创建了福建农林大学遗传育种研究所，遗传育种博士点和博士后流动站。为福建的农业教育和福建农林大学的建设和发展做了大量的基础性工作。

在长达半个世纪科研和教书育人的生涯里，卢浩然治学严谨，科研认真，培养出一大批高层次的农业科技人才。其中有许多是教授、博士生导师、教学科研单位的学科学术带头人，可谓"桃李满天下"。而"论著等身高"则既体现其专业基础深厚，又反映其科技水平高超了。

桃李满天下　论著等身高——记我国著名麻类专家卢浩然教授

"第一"赞

——中国太空材料之母林兰英

1934年，莆田一中高一级考来唯一女生——林兰英。新来乍到，有的同学看不起她，甚至讪笑、讽刺，她都默默不语。第一学期，她考了个全年级第一名，弄得男生们极不自在，有的暗地里做出赶超她的计划，有的则找茬，给她难堪，她却只认真读书。第二学期她又考了个全年级第一名，这下可镇住了男生，男生们自愧不如，对她敬而远之了。

殊不知，这第一，是林兰英"争取"来的。

林兰英出生于重男轻女年代，那时，男孩子读书，女孩做家务，天经地义。她幼年勤思敏学，玩女红，心灵手巧，尤其是刺绣剪纸，如"公鸡报晓""嫦娥奔月""喜鹊登枝"等名目繁多的窗花，总让姐妹们格外羡慕。做家务，里里外外，轻松自如，六岁就可做好供全家人吃的两大锅饭。

林兰英要强又好学，父亲长期在外地工作，就向母亲和爷爷要求上学。母亲说："一个女孩子读什么书。"爷爷说："女子无才便是德！"显然都不同意。她就恳求，苦闷了好多天；纠缠，老半天也不见效。但她没有气馁，又去找祖父在母亲面前说情。但母亲还是不同意。这种假吵假闹看来不行了。真得无计可施了吗？林兰英死心踏地要读书，接着就真的拿出颜色，与母亲真吵真闹起来了。她把炊具摔得叮当作响，饭做得半生不熟，菜里要么放好多盐，要么一点盐也不放……想方设法让母亲就范。这种争取又争取，快要没戏了。争取到伤心处，她真想哭又不情愿哭出来。最后，她把自己反锁在一间小屋里，不吃不喝，无论谁敲门也不开，任谁叫也不应。家人慌了手脚，纷纷劝说母亲让她上学。她的举动终于感动了妈妈和爷爷。在七岁时让她读小学，但家务活一点儿也不得少干。

为争取读书的权利，林兰英进行了艰难的奋斗。她用她的言行，挣开了封建"男尊女卑"的神权枷锁，也改变了母亲重男轻女的观念，以坚强的意志和出色的智慧谱写了一曲中国女性的奋斗之歌。这是一首以智慧、勇敢、坚韧谱就的胜利之歌。

谁能想到，这"争取"的结果让妈妈和爷爷刮目相看。小学六年十二个学期，林兰英既做家务又读书，成绩都居全班第一名。

小学毕业后，母亲觉得女孩子小学毕业够好了，何况家里贫穷，不知道多少事要林兰英做，就劝她休学。但林兰英坚决不肯，她向母亲保证：要在初中三年中六个学期都得第一名。母亲见她态度坚决，也就默认了。"一言既出，驷马难追"，林兰英喜出望外，更加刻苦努力，在初中三年的学习成绩，仍然都居全班第一。

1936年夏，林兰英高中毕业，向爷爷请求上大学。出乎意料，爷爷与母亲合计的结果，支持她继续求学。林兰英以优异的成绩考入福建协和大学物理系。1940年夏，林兰英毕业，成绩优秀，留校任教。她卓越的学识与才能，得到李来荣教授的赏识。1945年夏，在李来荣教授的帮助下，林兰英赴美留学深造。

吵闹出好结果，林兰英十分珍惜；真恳求得来的读书机会，她惜秒如金；争取来的东西，只有用刻苦攻读取得好成绩来报答。正如她母亲所说，："我女儿年年期期都考得第一名，是读出来的，她每天做完家务，就埋头读书，十分辛苦啊。"是啊，她以勤奋读书来回报来之不易的机遇，回报长辈的恩赐，再加上天资聪颖，心中又有远大理想，12年中共得了24个第一名，在家乡传为佳话。以后，又接连得了许多第一，难能可贵啊！

争第一，须创新，这是林兰英常走的新路。

1957年，林兰英回国，来到了中国科学院应用物理所半导体研究室材料组。这里科研设备简陋，环境艰苦，一切从零开始，只有一条靠奋斗才能走出的属于自己的路—通往科技项目的高峰。平庸者总会抱怨一无所有，智者却能有所创新。从无到有，有所作为，去争得第一，林兰英就是这样一个智者。

为了中国第一根锗单晶，林兰英相信自己的实力，信心十足地投入科研工作中。她精力充沛，起早贪黑，全心全力投入工作，似乎有一股使不完的劲，每天都连续工作了十多个小时。仅半年，就在她回国那年的秋天，就有了可喜的收获——

中国第一根锗单晶拉制出来了。

林兰英又发挥连续作战的精神，废寝忘餐地苦苦奋战几个月，至次年春，材料组向北京电子管厂提供了两公斤N型和P型锗单晶。就在这一年，中国有了第一台国产收音机。从此，半导体收音机遍布祖国大江南北，进入家家户户。

在美国，这时的锗单晶已暂放一旁，硅单晶占了主导地位。这是一面"旗帜"，在半导体材料领域中屹然竖起。它比起锗单晶，性能好，用途广，市场化前景看好。林兰英又为了早点研究出第一只硅单晶，朝思暮想，煞费苦心。须不知，要研究出硅单晶，氩气必须有。可中国生产不了，外国也进不来（禁运品），让她苦恼极了。她绞尽脑汁，食不甘味，夜不能寝，经常在家里发愣。母亲见状，便重重地敲响桌子，让她回过神来。上班或回家乘车，好几次过了站。功夫不负有心人，她苦思冥想，终于找到了应对的办法，采用抽高真空的技术拉制。

1958年秋天，是林兰英又一个收获的季节，人们盼望期待着的中国第一根硅单晶诞生了！这是她以智慧浇注成的，用心力操劳出的。望着这根乌光锃亮的长8厘米、直径5.08厘米的圆柱体硅单晶，她欢欣若狂，激动地双眼闪出泪花。有点可惜的是，那只是一根"位错"的硅单晶，因为它是用制备锗单晶的炉子拉制出的。所谓"位错"，便是原子排列如一、阵容不齐的队伍，首尾失顾，难以一贯到底，电流通过就会显出混乱状态。从科研的角度讲，要拉制出无位错硅单晶，一是单晶保持平静不受震动，二是籽晶进入坩埚中，位置要十分准确。这需要一台设计合理、质量上乘的硅单晶炉。林兰英考察了苏联封闭式硅单晶炉，心里就有一点谱了。经几个月的试验，她发现，"老大哥"的炉子有难以弥补的缺陷，决心自己设计一台中国式的硅单晶炉。

　　林兰英又沉浸于苦苦思索之中。"你还不如搞成一个圆的，只在前头切一块开个门就可以了。"一位老工人的建议激发了她的灵感。1961年的深秋，由林兰英主持设计加工的中国第一台开门式硅单晶炉制造成功了！这台中国特色的硅单晶炉，解决了既可开门又可保持炉内高真空度的难题。1962年春天，就用这台硅单晶炉，正式启动拉制工作。没有任何意外，一切都在林先生期望之中。中国第一根无位错的硅单晶拉制成功了！经检测，其无位错达国际先进水平！这台硅单晶炉荣获了国家新产品奖，也备受日本关注。1963年，东京举办国际工业博览会，日本特邀这台硅单晶炉赴东京参展，吸引了世人的目光。以后，我国生产了九百多台，远销东欧诸国。

　　科技在不断发展，林兰英紧盯半导体科学前沿。就在无位错硅单晶诞生后，林兰英加紧了不仅可应用于微电子领域，而且可应用于硅单晶不可涉足的光电子领域的砷化镓单晶的拉制。1962年10月的一个半导体学术会议上，林兰英拿出了砷化镓单晶。经鉴定，砷化镓单晶的电子迁移率达到当时国际上最高水平。

　　"路漫漫其修远兮，吾将上下而求索。"盯着科研高峰，林兰英沿着崎岖山路，不畏艰难，不断攀登，不断创新。结果总与"第一"连接，这让她付出了常人想象不出的艰辛，也让她领略到事业至上的美好。1964年，由她参与的中国第一只砷化镓二极管激光器问世；1981年，合作完成4千位、16千位大规模集成电路——硅栅MOS随机存储器的研制，因而获得中国科学院重大科技成果一等奖。在1986年，她接受了国家科委下达的研究空间材料的任务，这是她过去从来没有干过的工作。林兰英很乐意，因为她曾教诲弟子陈诺夫说不做与别人雷同的东西。1987年，她开始连续作了五次试验，做出了令人信服的成绩。她在我国返回式卫星上成功进行生产我国第一根砷化镓晶体实验，被誉为"中国太空材料之母"。

　　林兰英说，没有创新的民族是没有希望的，一个人也是这样，没有创新就要停滞不前。

　　争第一，为国家，这是林兰英常表的心声。

　　新中国成立的喜讯传到美国，林兰英看到了光明的前途。她就想"自己能为祖国做些什么呢？"当时美国刚刚兴起了一门新的学科——固体物理学，为各种设备提供了新型材料。第一个晶体管诞生，科学家发现这半导体，将会给各国的工业界带来广泛的应用前景。林兰英想到，新中国多么需要它呀，她决心要把这一门新学科带回祖国。

几度风雨几度春秋。1955年6月，美国宾西法尼亚大学建校115年以来，第一次出现了一个中国博士的名字——林兰英。之后，她被聘为从事半导体科研工作的索菲尼亚公司高级工程师。她超人的智慧和埋头苦干精神受到公司的赞扬，也靠林兰英杰出的科学分析指导，公司成功地造出了第一根硅单晶，不久，她又为公司申报了两项专利。公司三次提高她的年薪，另一家半导体公司开出更高的价格，想挖走林兰英。面对种种优惠条件和常人梦寐以求的诱惑，林兰英不为所动。"梁园虽好，非久居之乡"，祖国在她心中，她首先想到贫穷落后的亲爱的祖国，她想归去，把身手显在祖国的大地上。

林兰英回国时，受到了种种阻难，但她巧妙地把半导体材料带回来了。她说："我决心回国，除了想报效祖国外，也是为了追求妇女的解放。在美国，很多公开场合都是'女士优先'，但事实上美国的女人大多只能从事服务性的工作。种族歧视就包含着对妇女的歧视，我不喜欢美国的这一套制度，这也是我下决心回国的一个原因。"

林兰英回国前，索菲尼亚公司给她年薪10000美元，回国后每月才207元人民币。她从回国直至1974年才住上有暖气的房子……但林兰英一生对金钱不存奢望，只对科研事业有兴趣，为国家搞科研争第一特别有劲。她去前苏联讲一个月学收入1000卢布，她觉得这卢布带回来也不好用，就买了不少科研所需的大大小小的马达带了回来……

美国联邦调查局知道"文革"中的林兰英有过不如意，便拉她去美国定居。他们通过林先生在美的一位朋友做她的工作，林兰英谢绝了他们的好意，说："我林兰英既然在20年前毅然回到了中国，20年后的今天，就更不会回到美国去了。"

一次，一个美国代表团的客人问林兰英："您为什么不愿回美国去呢？如果现在有意，我会安排您在美国的一切所需。"林兰英笑了笑说："中国现在更需要我。我愿意并更乐意与美国合作搞半导体科学研究。"

林兰英的爱国故事可写几集电视剧。她容不得外国人看不起中国。在美国留学时，她无数次地与美国青年争论过爱国的话题，她寸步不让，常用英语、法语、德语轮换攻击对方，叫对方瞠目结舌。

爱国是个古老永恒的话题，也是个常说常新的话题。林兰英的爱国特点突出，总是与争第一紧密相连。这么多"第一"的中国科学院院士，值得称赞。

窥 天

——记著名天文学家王绶琯

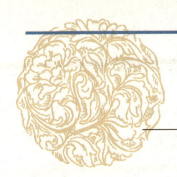

王绶琯先生

我们从哪里来？又向哪里去？宇宙有多大？宇宙之前是什么？两千多年前屈原在其长诗《天问》中就提出了这样的问题。两千多年来，无数炎黄子孙，为了探索宇宙的奥秘付出了艰辛的劳动与超人的智慧，中国科学院院士、我国著名天文学家王绶琯先生就是其中杰出的代表。

没想留那儿

福州，1923年腊月二十九，冷气索索，城外一个家院却热火朝天。一个孩子来到人间，就是后来成为我国著名天文学家的王绶琯。

王绶琯的童年并不惬意，3岁丧父，寡母带孤儿艰难度日。他聪慧好学，深得母亲和亲人们的关爱，年仅13岁，就以优异的成绩考上了福建马尾海军学校。

王绶琯曾这样回顾那段求学经历："当时是有两种应考的条件。我们那一届是招一百个人。一百个孩子，当然有的十四岁，有的大一点。各省可以先自己考试，以后各省就推荐人到南京来考试。还有一个推荐来源是军官，足够级别的军官可以推荐他的家属、子女去应试。我是我叔父推荐我去应试的。这就等于当时你不花学费可以进大学了。"

今天，我们可能很难认知在当时的历史条件下，马尾海军学校是如何培养出王绶琯这样的优秀人才。若干年后，天文学家是这样回忆评论。

"马尾海军学校很老的，是洋务派左宗棠在1864年，在那个时候建的。而教育当然是比较好的。出严复这样的人，詹天佑是那里出来的。所以现在的名人，在那个年代还是出了不少。"

　　科学家淡定直白的话语，一如福州西湖宁静的湖面波澜不惊，但我们依然可以透过历史的帷幕，看到学生们勇敢面对无边的大海和海上的波涛。

马尾罗星塔

　　七年，近三千个日日夜夜。罗星塔塔尖上的导航灯光，映照着每个窗户下求知的眼睛。马江上的烟波和潮起潮落，激荡着一颗颗报国的心在热烈跳动。

　　七年的求学生涯，七年的勤思苦学，也让王绶琯付出了代价，近视，让他离开了航海专业，改学造船专业，但这也成为他生命的转折点。

　　1943年，王绶琯以优异的成绩被录取英国皇家海军学院造船专业，是来自中国唯一留学生。要知道，那时候这所学校的同学大都是剑桥大学和伦敦大学毕业的。谈到这段历史，他只是淡淡地说他的"运气非常好"。

　　皇家海军学院与著名的格林尼治天文台仅有一墙之隔。从小对自然科学充满兴趣的王绶琯，开始自学天文学。有一次他告诉人说："他对天文的兴趣还在国内时就有了，但是没有什么好条件。在重庆的时候，有几位老天文学家办了一个杂志叫《宇宙》，我看了很多，有一些文章现在还有印象，那时就有兴趣了。"

　　1949年，在一位朋友的鼓励下，王绶琯写信给当时伦敦大学天文台台长格里高利先生，请教一些天文学的问题，也介绍了一下自己的情况。很快，他就获得了这位天文学家的肯定，并被建议到其所在的天文台工作。同年，他下决心放弃造船和即将获得的硕士学位、上尉军衔，离开英国皇家海军学院，去了伦敦大学天文台。从此开启了他的天文生涯和新的人生轨迹。后来，当有人问他为什么会放弃

福·建·科·学·家

学有所成的造船专业时，他会心地一笑答道："兴趣。"怪不得物理大师爱因斯坦说："兴趣是最好的老师！"

1953年，已经在英国伦敦天文台工作了3年，时刻关注新中国建设事业的王绶琯，接到我国杰出的天文学家、近代天文学的奠基人、紫金山天文台台长张钰哲先生的邀请，他回国了。

此时，王绶琯激动的心情或许只有杜甫那首："白日放歌须纵酒，青春作伴好还乡。即从巴峡穿巫峡，便下襄阳向洛阳。"他匆匆收

在伦敦大学天文台留影

拾行装，满怀"科技救国"的志向，回到了依然满目疮痍却充满青春活力的祖国，时年30岁。

2009年，当86岁高龄的王绶琯先生回答，为什么当时不留在英国时，仅一句话："我本来就没想留在那儿。"

为什么？王绶琯院士此前进行科普教育时，就道破秘密："人要有爱国之志，我们那一辈人在国外学有所成后不回国的很少，我们常常想到的是学成后要如何为国家贡献自己的才智。"

窥天的梦想

无垠的宇宙，总是给人许多遐想。隐藏在那道天幕后面的未知世界，观测它、感知它、研究它，成了许多人孜孜以求的梦想。

长期以来，人们观测宇宙，如何看得更远更宽，始终是困扰国际天文学界的一大难题，好比照相，不可能用鱼眼镜头拍出特写效果一样。

1953年，王绶琯一到紫金山天文台，就为"窥天"积极修残补缺，改变旧貌变新颜。1955年，王绶琯接受了"提高时号精确度"的紧急任务。想方设法，努力奋斗一年多，不仅出色地完成了任务，还开展了对时间和纬度的研究，为中国授时以及天体测量研究跻身国际先进行列奠定了基础。1978年，由王绶琯、苏定强提出把攻坚的目标定在一个新的开拓点上，那就是：配置多根光学纤维的"大天区面积大规模光谱"。这就是后来的LAMOST。这样的高难点选题，懂行的人深知：这是

和国外站在同一起跑线上的飞跃。像这样的竞赛项目，没有真知灼见是很难进入角色的；而问题的关键，是怎样"疏通"大规模天文光谱的测量。这是此领域的"瓶颈"，自然成为天文光学发展的一道险关。

按照王绶琯说法，这场恶仗应该由天体物理学家和天文仪器专家配合，进行一场别开生面、龙腾虎跃的"双打"比赛。从苏定强"主动反射板"这画龙点睛的一招妙笔，到最终的LAMOST方案的如期形成，反复经历了十个春秋！先后参加者接近二十人。作为主题论证的负责人王绶琯，"双打"搭档苏定强，都付出了大量的心血。两位院士配合默契，犹如庄则栋与李富荣夺得冠军的"乒乓双打"，以超前、高效、实现目标而震撼整个天文学界。当两位青年科学家褚耀泉、崔向群在英国一次国际会议上报告他们导师的方案时，引起了强烈的反响与认可。

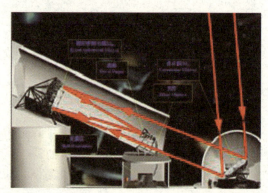
LAMOST原理图

人们之所以如此兴奋，是因为他们看到中国的LAMOST方案，将最终导致阻碍天文科学发展的"瓶颈"问题的彻底解决。一旦那个迷人的目标在王绶琯指挥下得以实现，人们就可以同时在大片天区中测量几千个光谱，而观测效率将比以往提高几千倍。"乒乓双打"如此精彩，怎不让国内外无数同行频频叫好！令人欣慰的是，这种体现"乒乓双打"精神的LAMOST课题，被列入"九五"期间中国的一项重大基础项目。

当夜幕降临的时候，星光落入改正镜，反射至主镜，成像于焦面，光纤对准星像定位，星光随光纤落在光

位于北京的LAMOST天文望远镜

谱仪上，经拍摄获取光谱。LAMOST的使命是大规模天文光谱"巡天"，包括银河系"巡天"和河外"巡天"，科学家将借此获得大视场、大样本信息，能探究第一代恒星演化、银河系形成、暗物质与暗能量分布、宇宙大尺度结构等。

LAMOST是继伽利略、开普勒的折射望远镜，牛顿的反射望远镜，施密特的折反射望远镜。等三种类型里程碑之后，第4种类型里程碑。它的独特设计在于集成各类望远镜的优势，即施密特式的"大视场"、反射改正镜的"大口径"、中星仪式设计，既节省经费，又不失"巡天"功能，为主动反射施密特系统，实现了光、机、电、自动控制一体化。

LAMOST在技术上主要有两项创新：第一，主动光学技术。主动光学技术就是望远镜在观测时，随时检查镜面形状随时修正，使镜面保持精确的协调；第二，光纤定位技术——四千根光纤在焦面上快速精确定位，使国际上现有望远镜光纤部件提高近一个数量级。王绶琯说，国际上在大规模天文光谱开拓上先走一步的是英国科学家，其英澳望远镜可获得十万天体的光谱，美国"SDSS"计划主体望远镜可获得百万天体的光谱，而LAMOST望远镜可获得千万天体的光谱。

窥天的梦想的实现，颇丰的专著面世，可说是异曲同工，因此王绶琯获得了中国科学院科技进步一等奖，国家科技进步二等奖。1993年10月，为表彰他对天文事业的贡献，中国紫金山天文台将三一七一小行星命名为王绶琯星。

书生的情怀

"月挽着潮/在视野所不及的地方/就因为无须琢磨焕出明光/由是而逶巡/而逶巡/有风雨漫天/水手为爱着自己的船/忘去了海的颠簸。"这是88岁的中国科学院院士王绶琯在27岁那年伦敦留学时写给友人的一首新体诗，那一年，他开始了他毕生探寻的天文学研究之路，而科研之外，与诗词结缘，则伴随一生，难能可贵。

1940年，王绶琯接触到不少西方19世纪浪漫派诗人的译作，也开始收集报刊上的新诗（白话诗）。1945年至1952年，在英国留学期间，王绶琯随身带了两本手抄的诗词，还夹了一本在乡梓时同

王绶琯诗集

学借的南宋词，这本书一直被保存到"文革"后。那时他开始脱离了"少年不识愁滋味"的心态，品味名著佳作，探索新诗，尝试创作中，总摆脱不了旧体诗的窠臼。回国后，他虽工作忙，还是抽空到旧书店"淘旧书"，尤以诗集居多。真正品诗写诗多的倒是在"文革"那几年，当然都是默诵和腹稿。"文革"后，王绶琯将其写出来编成了一个小集《牛棚集》。

1989年，王绶琯应老一辈数学家孙克定之召，创建了中关村诗社，社友们也多是科学家，并任社长数年，提出"以诗明志，以诗寄情，以诗匡世"，并刊有《社友诗抄》多部。2006年，他在友人的建议下出版了《塔里窥天》诗集，在该书的前言中，他写道："这些乌合的'故我'，聚到一起后，我不无惊奇地发现原来自己始终没有走出过'象牙塔'，也始终是在'以管窥天'。"

科学与文学艺术两者并没有直接的关联，如果一定说它们有关系，或许就是在哲学性和气质上有相似之处。如杰出的科学家和诗人都要具有很高的想象力；都要心无旁骛、沉浸其中，大小成果都往往会出自"顿悟"等等。

王绶琯认为，学科学、学写诗都是一样的。"大海变星空，一个象牙圆顶汉，管中天我相窥，目成意会醉欲痴"（《临江仙·书怀》）表达了他的这种体验。

王绶琯不仅是一位著名的天文学家，而且也是一位著名的科普教育专家。多年来，他从高中科普做起，到初中，再到各级党政干部，形成一套完整的科普教育体系和具体操作方法。他提的切入点恰到好处：以广大的初中学生为群体，提高全体公民的基本科学素质；以优秀高中学生为群体，提高科技精英后备队的科学素质；以科技论述和科技信息的沟通和评判为课题，提高各级政府领导层的科学素质。

王绶琯积极致力于青少年科普事业，早在主持北京天文台工作时，就多次在中学、科技馆、天文馆讲演、座谈；每年坚持参加或出力协助青少年天文夏令营；编著了一系列受青少年喜爱的科普读物。

1999年，王绶琯发起，联名六十余位中科院院士、科技专家倡议组织"北京青少年科技俱乐部"，并为俱乐部的发展付出了大量心血。他先后捐款二十七万元给俱乐部作为活动经费，并自费购书近万元捐给甘肃、青海等偏远地区。

王绶琯如此亲近青少年，亲近科学，是立志为中国科技界培养后备人才。

由于他的突出表现，1996年被评为全国先进科普工作者。

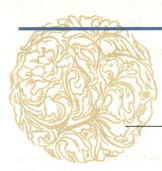

永攀高峰
——记中科院院士田昭武教授

　　"在科学的道路上没有平坦的大道可
走，只有不畏艰险沿着崎岖陡峭的山路攀登
的人，才有希望到达光辉的顶点。"中国科
学院院士、厦门大学博士生导师田昭武教授
的人生历程，验证了卡尔·马克思的这一科
学论证。

永攀科技新高峰

　　田昭武1927年6月出生于福州一个普通
职员家庭。抗日战争爆发后，他随全家被迫
迁往永安，在那里度过了难忘的中学时代。

艰辛的山区生活锻造了他吃苦耐劳的性格和
坚韧不拔的意志，1945年，他以优异的成绩考上了厦门大学化学系。在浩瀚的知识
海洋里，他喜欢探索，追求某一疑问和闪光目标。田昭武在学习上不墨守成规，而
是善于思考，敢于质疑，老师格外器重这个"爱提问题"的学生。1946年夏天期末
考试，田昭武全部课程平均成绩91分，名冠全校。当时担任理学院院长兼化学系主
任的卢嘉锡先生非常高兴，他看到了田昭武身上具有科学家所必备的不畏艰险、勇
于创新的精神。1949年，田昭武大学毕业后留校任教，担任卢先生的助教，成为卢
先生的弟子。对此，田昭武深感荣幸，他说："大学里能遇到卢先生、蔡先生、钱
先生这样的好老师，毕业后又能成为他们助手，这本身就是很好的机遇。"他认
为，人生机遇处处有，关键在于自己如何去把握。他有幸师承卢嘉锡、蔡启瑞、钱

人元等著名科学家的最初时间里，就找了些闪光的目标，刻苦钻研，开始攀登科技高峰了。

田昭武就很善于把握机遇。他大学毕业后经过几年的努力，业务进展迅速，深受卢先生赏识。卢先生为了培养年轻人，有意给他压担子，让他担任《物理化学》和《物质结构》两门基础课的主讲教师。但田昭武并不就此满足，在繁忙的教学工作之余，他仍潜心科研，并密切关注学科发展的最新动态，追求新的目标。

当时，"电极过程动力学"研究方兴未艾，国际化学界正兴起热潮。田昭武以敏锐的眼光。战略的意识，探测到这是现代电化学发展的核心，可以说是一处科研的"富矿带"，在理论和应用上都有广阔的前景。他很想把研究方向转到这个新兴的学科。在国内，研究领域几乎是空白，成果应用简直无所得知，国家建设又非常迫切、非常需要。在本领域、本校既无同行前辈的指导，又缺乏必要的研究条件下，只凭他在大学的学习基础，要对这样一个边缘性很强、涉及很多学科的领域进行探索，困难是很大的。他担忧过半途而废，也想到很可能终其一生却一无所获。而且，这是与导师卢先生所致力的物质结构和量子化学迥然不同的学科，自己如果改弦更张，卢先生会不会支持?然而，祖国的需要鼓舞着他，科研的前景诱惑着他，创新的欲望推动着他。殊不知，卢嘉锡先生不仅很宽容，也很支持。这让他的信心更强，勇气倍增。他毅然决然地甩开膀子，另起炉灶，立志为填补国内空白、开拓电化学这一新的科学领域而奋斗。

田昭武选择的科研道路虽然崎岖难行，但他把握住了一个稍纵即逝的机遇，他与导师"分道扬镳"的故事至今仍传为佳话。这种"分道扬镳"，让他登上了科技的一个高峰。

田昭武在多孔电极极化理论方面，提出"特征传输电流"概念和气体扩展多孔电极的"不平整液膜"模型，解释了在实用电流范围的电极行为，对燃料电池的改进有指导作用。对半导体电极光电转换提出数学模型和"可移动掺杂物"高聚物半导体光电转换理论。对电极交流阻抗绝对等效电路提出微分新解法。对自催化电极暂态过程求得理论解，为电化学振荡行为中的负阻特性提供理论基础。成为中国电化学学科带头人之一，主持国家自然科学基金"八五"重点项目《电化学现场分子水平信息的检测与理论》并被评为优秀。他已发表了专著《电化学研究方法》，科学论文一百三十篇。

创新的力量是无穷大的。田昭武首创的电化学研究方法和技术还有：用于测定瞬间交流阻抗的选相调辉测定法和选相检波测定法；用于测定超低腐蚀速率的控制电位脉冲电流技术；用于测定局部腐蚀的扫描微电极技术。在他指导下，研制成功并投入生产的仪器有DHZ-1型电化学综合测试仪、XYZ-1型离子色谱抑制器、WF-Ⅲ型微区腐蚀电位分布测量系统等，获发明专利权六项。近期在纳米技术领域提出超微复杂三维图形的复制新技术。

攀了一峰又一峰，田昭武笑了，而前面一个个科技高峰正等着他攀登，他又迎难而上了。

"三套马车"研究法

创新是科学的灵魂，而正确的研究方法是创新的根本条件。田昭武常说："在科学上一定要创新，不可步人后尘，科学的魅力就是创新。"他在电化学研究中十分注重创新，首先是理论上的创新，提出自己的理论模型，把它看成是科研的头脑，用他来指导科研；其次是研究方法的创新和相关的仪器的研制，把他看成是科研的眼睛，用自己创立的研究方法和自己研制的仪器开展科学研究，比较容易取得独特的研究成果；第三是重视应用开发，把自己的研究成果开发出来，既可验证理论和研究方法的正确性与科学性，又可以服务社会、造福人类。在实际科研工作中，这三者互为因果、相得益彰，被田昭武戏称为"三套马车"。

系里科研人员，谁也不敢涉及本专业高深"无人区"，可田昭武就敢。他深知，要从"无人区"开拓出电化学这一科研成果，自己的理论基础和知识远远不够，只有加强学习，才能紧跟世界科学的前沿，才能在电化学研究中有所作为。因此。他针对自己的不足，结合科学发展和科研工作的需要，一边从事教学、科研工作，一边刻苦学习交叉学科知识。从20世纪50年代开始，他先后自学掌握了电子学、数理方程、半导体电路、固体物理、计算机和光谱学，为他的科研打下了坚实的基础。1956年，田昭武被派到南京去听东德电化学专家讲学，他见东德专家迟迟不来，他就跑到书店买到了急需的《数理方程》和《热传导理论》两本书。因为他曾在实验中遇到的奇特的电化学"自催化"实验现象尚未为人们所认识，急需从数学和物理的理论上，对电化学扩散的问题进行解析，而电化学扩散问题和热传导问题都属于数学的抛物线数理方程问题。两个多月过去了，不见东德专家踪影，田昭武却掌握了数理方程和热传导这两门理论知识，回校后把它运用到电化学的科研中。经过实验比较和论证，解决了自催化电极过程理论分析。1957年，一篇署名为田昭武的文章《自催化电极暂态过程理论分析》在《中国科学》上发表。

田昭武说"科研选题一定要选择有重大意义的，但是这样的研究课题难度都比较大，有时甚至需要开辟一

个新的研究领域。所以这需要我们做好'坐冷板凳'、'十年磨一剑'的心理准备。"田昭武常对学生这样要求，自己也身体力行，迎难而上，选择一些极富挑战性的课题。到了2009年，他仍然带领课题组进行生物芯片和"新型超级电容器"的研制。前者是利用毛细管表面张力超过重力的驱动原理设计而成的医学化验和生物实验的微型化舞台，可用于医院为患者进行诊断，具有速度快、通量高、成本低、污染小等特点。后者主要用于电动汽车，以回收市内汽车经常制动刹车时浪费的大量能耗，缓解日益严重的城市污染以及石油资源浪费等问题。两个课题不仅是科学难题，而且都是一些与国民经济和社会发展密切相关的课题。

正是这个"三套马车"研究法，使田昭武在电化学研究的征途上攻克了一个又一个难关，取得了突破。在理论上，他在多孔电极极化理论的研究中，首先提出气体扩散多孔电极的"不平整液膜"模型和"特征传输电流"概念；在半导体光电转换方面，提出相关的数学模型和"掺杂物可移动"的聚合物半导体光电转换理论；对电极交流阻抗绝对等效电路提出微分新解法；对自催化电极暂态过程求得理论解。在研究方法方面，他在20世纪60年代即首创了用于测定瞬间交流阻抗的选相调辉测定法和选相检波测定法，早于国际上应用锁相技术进行同样目标的测量方法；首创用于测定超低腐蚀速率的控制电位脉冲技术和用于测定早期局部腐蚀的扫描微电极技术；首先建立复制超微复杂三维图形技术——约束刻蚀剂层技术，在国内率先建立和发展电化学中的计算机模拟技术；成功研制出电化学扫描隧道显微镜并利用它开展电化学研究，取得了令人瞩目的成果。他研制并批量生产的仪器主要有我国第一台电化学综合测试仪(70年代研制成功，主要功能范围和某些技术指标

超过国外进口的同类仪器，达到国际先进水平，被称为"争气仪"）、电镀参数测试仪、新一代离子色谱抑制器等。

据不完全统计，田昭武的研究成果有七项获得国家或部、省级奖励，六项获得发明专利，在国内外发表科学论文一百二十多篇，专著《电化学研究方法》获科学出版社"优秀图书奖"。这些成果的取得，奠定了田昭武在中国化学界的地位，使他成为中国电化学的学科带头人和开拓者之一，同时也为国际电化学界同行所瞩目。

田昭武的学生厦大原校长林祖赓这样评价田昭武："每当国际上出现一个新的重大科学技术进展时，老师总是立即将它引入与电化学学科交叉的结合点上，把电化学渗透到每一个重大科学进展中，发展出一个又一个新理论，建立起一个又一个新方法，开发出一个又一个新应用，使电化学焕发出无限的生命力。"

老骥伏枥志千里

20世纪90年代，田昭武已是古稀之年，但仍精力充沛，壮心未已，每天坚持到实验室进行科学实验，指导博士生和博士后开展科学研究。他还计划进一步发挥

学科相互渗透、科研队伍力量雄厚、国家重点实验室研究手段的优势，带领学术梯队，继续向电化学科学高峰攀登。

田昭武年老志在四方。2012年5月27日下午，上海有机所交叉学科讲座第十八讲在该所举行，特邀厦门大学田昭武院士作了题为"电化学储能中的有机化学问题"的讲座。

2012年10月17日在上海召开的第四届中国电池技术创新（上海）论坛上，田昭武认为，电动汽车不能一味追求电池能量和续航能力，而是要立足实际需要，从轻型、短程起步。

田昭武长期带研究生博士生，年逾古稀还获奖。1987年获国家自然科学三等

奖，1989年获国家教委科技进步二等奖，1990年获国家发明三等奖。他培养的科研骨干中，有的被评为有突出贡献的中青年科学家，有的被评为国家重点实验室先进工作者，有的被评为作出突出贡献的中国博士，有5位已成为博士生导师，有3位获得国家杰出青年基金。

田昭武还教子有方，在他当选院士25年后，他的儿子田中群也当选中国科学院院士。田中群是物理化学家，厦门大学化学化工学院博士后、教授、博士生导师，英国皇家化学会高级会员。主要开展表面增强拉曼光谱、谱学电化学、纳米电化学等方面的研究。1993年6月获国家教委(现教育部)科技进步二等奖，获奖项目：光学光谱电化。2002年2月获中国高校科学技术进步一等奖。人们翘指称赞：一门两院士，这家庭好牛。

老师攀高峰，后生真可畏。这是人们对田昭武他们的评价。

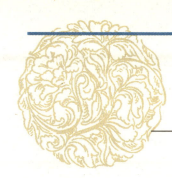

十年磨一剑
—— 记中科院院士张乾二

张乾二，厦门大学化学教授，福建惠安人。1928年8月出生。1947年就读于厦门大学化学系，1954年研究生毕业。曾任厦门大学化学系主任、化学化工学院院长。中国科学院福建物质结构研究所所长。1991年中国科学院院士。

少壮苦练磨剑功

张乾二出生于滨海古城崇武。大海的宽阔，使他奋发出了"少年心志当拏云"的雄心壮志；古城的雄浑，促成了他那顽皮不拘与踏踏实实的性格；严父的教导，让他的学业一直位于班级前茅。他记得，那是老师用游戏似的教学方法引导他在无垠的数学海洋里探寻追求的结果。四则运算，数字，法则，极其干燥无味，老师的幻化，拨动了他心灵的音符，时而澎湃，时而委婉，时而沁人心脾，时而催人奋进，孩童的灵性和激情时常迸发。

颇负盛名的集美中学，张乾二心驰神往，终于以优异的成绩考取。可恨那日本侵华，战争的烟火，燃烧着他要在舒适幽静的校园内读好书的美梦，安溪的文庙成了他们安身立命和读书的地方。他说："在嘉庚精神的熏陶和名师的指点下，我这块顽石终于开了窍。"在当时盛行"读好数理化，走遍天下都不怕"的环境下，正吻合他打好基础、练好磨剑功的初衷。

张乾二对理科情有独钟。一堂生动的化学课，也让他对当时在国内还十分新鲜的学科萌发兴趣，听课中，他既专心致志，又抓住要点苦思冥想。老师在实验里像变把戏似的表演，面前那蓝红变幻无穷，更让他兴致勃勃，有时突发奇想，跃跃欲试起来了。他做作业，不但认真细致，而且快速完成，又经常在课余时间钻研各种化学难题，如此这般，对这个实用性较强的新兴学科有了更全面的了解，并渐露头角，老师及同学都喜欢他。他对数学也发生兴趣，也念得好。他说：是我的代数老师叫邓从豪，他讲课的时候非常有启发性。我为什么会对数学感兴趣，对化学感兴趣，我想都是受到这几位中学老师的影响。兴趣导致努力学习，学习使他常常做到百尺竿头，更进一步。这样，老师喜欢，自己又孜孜不倦，越学越起劲，学习成绩自然很好，再加上对化学的兴趣，使他中学毕业，厦门大学化学系就成了报考的对象，高分录取就是很自然的事了。

少时勤奋攻读，将来就能磨出十分锋利的剑，这个信念张乾二依然在大学里始终坚持。他无论是在学生时代还是当上教师后，都像一块饥渴的海绵，尽情地吸吮各类化学知识，穷尽原子分子的变化去探求万物的奥秘，在结构化学和量子化学方面打下了坚实的基础。学生时代，他经常旁听数学系教授的研究生课。这两位教授曾是我国著名数学家陈景润的导师，他们对这个小伙子超群的数学能力相当欣赏，也给予了细心的指导。1951年，他以优异的成绩完成本科学业后，继续攻读硕士学位，在化学的海洋里再做更深层次的追求和探索。而他的导师就是时任厦大理学院院长的著名化学家卢嘉锡。卢老活跃的科学思想、严谨的治学态度、广博的结构化学知识，把年轻的张乾二引进了一个全新的世界。他说："卢先生是我的老师，这么多年来我一直谨听他的教诲，在治学上始终以'理论与实验，化学与物理，结构与性能三结合'为方针。"换一句话说，把它作为一生的座右铭。

在卢老指导下，张乾二一面搞教学，一面带领小组培养出磷酸二氢铵等晶体，成为我国在水溶液中培养晶体的开创者之一。20世纪60年代，卢嘉锡调任福建省物质结构研究所任所长时，有意把他留下。当卢老升任中科院院长时，推荐他兼任中科院福建物构所所长，这是名师对他的信任与重托。

张乾二说："严格意义上说，我不是蔡先生的学生，而只是曾听过他的课。在给他做助手的那段日子里，蔡先生给予我最多的是精神力量。他学如流水行云，德比松劲柏青，永远是我的榜样。"唐敖庆先生博大而缜密的理性思维让我痴迷，如果说卢先生教给我直观和创新，唐先生则让我懂得抽象和概括。两位大师的科研方法给我添上了双翼，让我可以在化学的海阔天空里自由翱翔。"

1963年张乾二参加吉林大学量子化学讨论班，这里汇聚了来自中国的化学精英，更重要的是在唐教授的指导下，他在学术上实现再一次的飞跃。

张乾二身上透出一个显著特点，那就是丰富的结构化学和量子化学知识集于一身，善于给抽象的量子力学数字表达式，赋予丰富的化学内涵，教学或研究独具风格，即使涉及各个时期理论化学前沿领域，仍然始终保持与众不同的特点，在多个专业课及其科学研究中，取得创造性的系统成果，并多次获国家科研奖项。

由上可见，张乾二在"磨剑"中不仅立足科研教学，更注重心灵深处的熏陶和锤炼，真是技高一筹啊！

当好教师己受益

学生莫亦荣曾对张乾二说，通过科研更能加深对知识的理解。他却说，最高境界是通过教学——把知识传授给学生，也能使自己受益。

这是发自心灵深处的声音。

张乾二最初的理想是当一名乡村教师。大学毕业前他看热播苏联影片《乡村女教师》，备受此鼓舞，在毕业志愿表填上"到农村当教师"。不过，事与愿违，他被推荐读研究生，导师就是卢嘉锡。

当然，张乾二还是如愿以偿当上老师，兴高采烈之后，就把身心全扑到教学科研上。他的一个学生无比钦佩地说："和一些科研人员把教学当成负担相反，张老师把教书当成乐趣。只要第二天有课，那么，前一天你无法见到他，他准躲在家里备课。"第二天，他讲课，一气呵成，不用看教案。他会带上一小片纸去上课，但是，他一般不会看纸片，所有东西都装在他脑海里。他的几个学生在一起不约而同地回忆说，一黑板的公式推导，老师一气呵成，没有发现任何符号的差错。

张乾二讲课据说也极其富有特点，声音洪亮。他的学生、厦大原副校长林连堂说，老师在旧化学馆311上课，站在隔壁的生物馆都可以听到。

张乾二上课认真在化学系是出了名的，是化学系开设新课最多的教师之一。虽然他现在的课已不多，但每每上课，他课前总要进行充分的备课，上课时总会在黑板上一丝不苟地板书，正规准确地演算，就算是给一两个博士生上课也是如此，而课后又会认真的反思和梳理，这已成为他一生的习惯了。他的学生，化学系的吕鑫副教授说："张老备课备得很认真，但是上课的时候，他基本上是抛开讲义来讲。这样的话，实际上有很多内容是他个人的心得，研究的体会。"

张乾二有自己一套独特的教学方法，他注重对学生进行启发性教学，帮助学生形成科学的思维方式，在学生们看来，他教给他们的远不只是专业领域的知识，而更重要的是一种严谨的科学精神和实事求是的学术品格，是点点滴滴做人的道理。他经常跟学生们讲，要踏踏实实地搞科研，需要的是浓厚的兴趣，需要的是献身精神。

"张先生教给我的就是实实在在的治学做人。"已为博士生导师吴教授如是说，"化学本就是一门极其理性的学科，容不得半点虚假或夸张，一切靠数据说话。尤其是先生研究的量子化学，更是与数理分析和几何思维密不可分。只有踏踏实实地去计算推理，反复验证才能得到正确的结果。先生在这方面绝对是我们的榜样。每一堂课，大小试验，从不怠慢，小心求证，刻苦攻坚，反复推敲，先生的灵性和韧性我们看在眼里，学在心里。先生依靠自己的努力不仅学术斐然，更给中国的化学界培养了大批的中流砥柱。"

"先生堪称化学界的儒者，"张乾二的秘书由衷地赞叹，"和先生相处的这些日子，无论为人还是处世都受益匪浅。他严于律己，宽以待人；任性自然，坦率真诚；古道热肠，不平则鸣。无论在日常生活还是在国家学校各种会议中，他总要直呈谏言，也因此冒犯过一些人，但得到更多的是真诚的尊敬和信赖。"

张乾二的学生、厦大原副校长朱崇实形容说，对其来说，张老师是厦大为数不多可以像朋友、像兄弟、甚至可以跟他开玩笑的老师。不过，他也以严格闻名。尽管如此，他的学生仍然十分爱戴他，他的助手黄伟珺说，手下人遇到生活困难，他会记在心上，不仅如此，他帮人时还顾及别人的感受，令人感动。

张乾二至今仍活跃在化学系的讲台上。他在课堂上表现出娴熟的论证技巧和严密的逻辑性，令他的学生无不肃然起敬。他曾说过一句似乎是"矫情"的话：如果有来生，我还当教师。这的确是他的肺腑之言——他认为教师职业最大的优点是：不用巴结谁，只要教好书就可以了，可以说自己要说的话。

十年磨一剑

做基础理论研究是"十年磨一剑"的事情。自20世纪70年代开始，他带领科研队伍搞基础科研算起，几乎每10年就会有一个重大成果问世。1981年，配位场理论获得了国家自然科学奖一等奖；1990年，群论理论和键理论获得了国家自然科学奖二等奖；2000年，编写的价键方法从头算程序获得了中国高校自然科学奖一等奖。他的学生林梦海说："他的很多科研成果都被国际经典教科书所引用。"

其实，张乾二一生都在"磨剑"。在科学研究中，曾获：

国家自然科学奖一等奖（1982年）；

国家教委科技进步奖二等奖（1987年）；

国家自然科学奖二等奖（1989年）；

国家自然科学奖二等奖（1994年）；

国家教委科技进步奖二等奖（1994年）；

国家教委科技进步奖三等奖（1987年）。

张乾二至今已撰写专著4本，科学论文100多篇。

……

搞科研，张乾二对自己对学生都严。要求弟子们搞科研要"沉得下去"，一旦发现"浮躁"倾向，总是亲自给他们讲基础理论，培养他们严谨的学风和扎实的理论功底。弟子曹泽星教授说，先生亲历亲为的做法令他们受益无穷，使他们不再把眼睛紧紧盯住当前所谓的"热点问题"，而是在基础理论方面下足了工夫。即使他已近八十高龄，不管是搞科研还是培养人才，他都是冲在最前面，身先士卒。他的许多个学生说，张老师把人埋在实验室里，把心交给公式数据，长期坚持，坚忍不拔，他做到了。为了弄明白一个细节，他可以没日没夜地守在实验室里，反复地计算推理，往往早上坐下晚上才起，随便吃点东西又回到实验桌前。头发长了，胡子黑了，身上有异味了，乃至身体提出严重抗议：胃出血了，他仍一概不管，一直演算推理……天道酬勤，在配位场理论方面，休克尔分子轨道理论图形方面，多面体理论的群论方面，表面化学中的量子化学研究等领域，他取得了卓越的成绩，先后获得各种各样的国家科学奖励，并实至名归地在1991年被评为中科院院士。

当然，张乾二也有挫折，经历过三个大坎，后两次几乎与死神擦肩而过。

"文革"中，被打成牛鬼蛇神，忍受失去亲人的痛苦——妻子在生下儿子三天后去世。

有一夜，小偷破门而入，张乾二与拔刀相向的小偷争抢搏斗，被刺了十八刀，肺都刺破了，心包旁刺了一刀，后是医生把他从死神中救过来。

2006年，张乾二遭遇车祸，幸免于难。

这都令张乾二痛苦又"很辛苦"，不过，他用"张氏乐观法"来对待，仍然奋斗在科研教学岗位上。

20世纪80年代以来，张乾二培养了三十余名硕士、十名博士和四名博士后。许多学生的论文被国际权威杂志录用，一些学生被邀请去美国、加拿大、意大利、日本、德国等国短期工作，都显示出了卓越的才华。

如今，张乾二又投身于纳米领域的研究。他说："我们研究化学的人，要做好这个纳米技术研究很难，主要靠研究物理的人。"知难而上，他是特种性格的人。

张乾二是"磨剑"人吗！？我想起了海燕，他该是一只在海上自由翱翔的海燕吧！他还要飞得更高。

"飞豹"冲天
——记飞机设计专家陈一坚

陈一坚

陈一坚（1930.6.21-　），飞机设计专家。福建省福州市人。1952年毕业于清华大学航空学院毕业。现任中航集团第一飞机设计院研究员，中国工程院院士。

志在长空

陈一坚走上航空路颇有神奇色彩。

陈一坚1930年6月生于福建省福州市，一个充盈着书香和爱国之气的家庭。其父亲陈昭奇是爱国知识分子，早年两次留学日本学机械工程，学成回国，后执教于福州大学机械系。鉴于当时政府腐败，经济落后，民不聊生，国家百年蒙受帝国主义侵略，实行殖民统治，因此他教育救国思想浓烈，曾参加当时爱国学生救国运动。陈昭奇为人正直，经常教育学生和子女努力学习知识，将来报效祖国。陈一坚在这样的家庭氛围中成长，既有封建大家族礼教的束缚，又有西方民主、自由思想的渗透。子听父言，幼小的陈一坚当然心领神会，遵照执行。

日本飞机轰炸大好河山，炸死无辜，想不到陈一坚第一次看飞机竟是如是惨案。那是抗日战争爆发后，日本帝国主义大举进犯中国，福州也无法逃避沦陷之灾，陈一坚一家撤到福建省南平县，时常看见日本飞机前来狂轰滥炸，老百姓苦不堪言。何处防空？无奈只得将山上埋着棺材的洞略加扩大，就作为防空洞了，当时老百姓，大多没文化，对科学技术愚昧无知，遇日本飞机空袭时，生怕被敌机驾驶员听见地面声音，甚至将哭叫中的婴儿严严实实捂住，有的就窒息至死。有一次，一位妇女因躲避轰炸，不让自己孩子啼哭，捂住孩子的嘴，误使孩子窒息致死。已上中学的陈一坚，目睹这一悲剧，心里种下了深深的仇恨和愤怒。"为什么人家有飞机可以轰炸我们？为什么我们没有飞机与之对抗？"既愤恨又悲伤，正如他在《江城子》一词中表达的："千里南疆雾茫茫，故国土，自难忘。狂涛骇浪，几处设国防。狼烟四起曾相识，泪如倾，气填膺。"因此，长大学航空的信念油然而生，将来报效国家的远大志向时常鞭策他前行。

1948年，陈一坚中学毕业，投考大学时，矢志不忘少时信念，所有的志愿都填上了"航空系"。反映出他具有强烈的"科技救国"思想，也体现了被人凌辱而发愤图强的爱国之情。他终于如愿以偿，被厦门大学航空系录取。顺遂心意的愿望实现，他十分珍惜，就如饥似渴地读书。他系统地学习航空工程专业知识，立志为将来的航空事业做出贡献。1951年随着院系调整，他进入清华大学航空学院学习。

初露峥嵘

全国刚解放不久，航空工业底子薄、基础弱、人才极度匮乏。1952年夏，迎着抗美援朝烽火，陈一坚毕业后即奔赴北国冰城，来到当时号称航空工业六大厂之一的哈尔滨飞机厂（现哈尔滨飞机工业集团公司）工作。当时，抗美援朝战场需要飞机与敌抗衡，首当其冲地是搞好飞机修理。刚建厂的哈飞，主要是修理抗美援朝前线受伤的飞机，仿制苏联伊尔-28轻型轰炸机，生产部分零配件。陈一坚报到的第二天，就投入了紧张的飞机修理工作。那时，中国航空工业虽说起步，不久却获得重大发展，说它是"黄金"时代，也不过分。他兴奋无比，大显身手，实现自己信念的时候到了，他不分昼夜，一头扎进钢铁堆里。

20世纪50年代中期，中国第一架飞机初教五、亚音速喷气式歼击机歼-5相继在南昌、沈阳试制成功，哈飞也通过修理走向制造，准备仿制图-16轰炸机和米-4直升机。从修理走向制造，这重大转折非同小可，列上了航空工业领导的重要议事日程。飞机、发动机设计机构在沈阳建立了。叶挺之子叶正大是飞机设计室的筹备者之一，他来到哈飞挑选设计人才，选中陈一坚。早就想设计飞机的陈一坚欣喜欲狂，他告别了刚刚结婚一年的妻子，只身前往沈阳，马上进入角色，设计歼教-1机身。这些108位平均年龄22岁的设计人员，向歼教-1冲刺。飞机起点不低，比当时日本、捷克的同类飞机要好，而且研制周期缩短两年。

陈一坚在飞机设计室这个人才济济的集体里，通过歼教-1的设计实践，受到良好的训练。陈一坚还参加了初教六飞机的设计。1958年夏，在酷热的南昌，陈一坚绘出了初教六的总图。值得欣慰的是，初教六先后生产了1796架。还荣获国家金质奖。它不仅为培养数以万计的飞行员作出了贡献，还出口到许多国家。

1956年中国组建"第一飞机设计室"，陈一坚被选中，并于1956年底赴沈阳工作，期间，陈一坚深受组织的关怀和教育，思想觉悟来了一个飞跃，从单纯爱国、救国提升到为共产主义最终目标而奋斗一生，1959年12月加入了中国共产党。

60年代，陈一坚先后在沈阳飞机设计所担任研究室副主任、主任工程师。他参与了为期三年的米格-21飞机的"技术摸透"，也参加了歼八飞机的早期总体设计。

1964年，陈一坚从沈阳调到西安重型飞机设计研究所（603所），得到中国第一代著名飞机设计师徐舜寿的关心和帮助，从中深知高科技的航空事业不但要有广泛的多学科知识，而且还深入钻研若干学科，应用扎实学识和基础；要设计好飞机，就要在前人成就的基础上更上一层楼。陈一坚在工作实践中，深深体会到应当牢牢掌握设计对象的要求，深入了解对若干架成功飞机的特色和突出功能，做到胸有成竹，就如同"熟读唐诗三百首，不会做诗也会吟"。

陈一坚在党和国家培养以及同志们帮带下，逐步完成飞机设计全过程：总体、气动、结构、强度、标准等。在西安飞机设计所的最初几年，陈一坚协助师傅先后搞了伊尔-28飞机改装后涡扇发动机设计，空中试车台吊舱以及运七飞机设计等工作，不仅是初露峥嵘，而是来了个突飞猛进，能独当一面了，为后来担任总设计师打下了坚实的基础。

攻克"疲劳"

"在中国的蓝天上一定要有中国人自己制造的飞机在飞翔。"这是建国以后，从事航空设计人员的共同愿望。1966年4月，为了打破外国飞机一统国内民用航线的被动局面，周恩来总理和叶剑英元帅发出指示：以603所的技术力量为主，仿制、设计运7飞机。

仿制设计"争气机"，报国有志亦有机。年轻的陈一坚感奋不已，他觉得此时自己浑身有使不完的劲。在此之前，国外一架客机因突然间的"疲劳"断裂而机毁人亡，行内人非常清楚，不解决"疲劳"问题，国产飞机安全与技能都无法保证。因此徐舜寿告诉陈一坚，今后挤些时间，多了解"疲劳"方面的知识。知之原委的陈一坚，这正中下怀，本来就好学，怎不立马行动？！他以完全自学的方式系统地学习了"疲劳"知识，又从零开始学习"断裂力学"，进而融会贯通，为后来的飞机型号研制又增添了一门学问。

然而，好景不长，陈一坚正在努力以实际行动表达"献身航空，报效祖国"的雄心壮志时，"文化大革命"一声炮响，把他从甜蜜的梦乡唤醒，从甩开膀子大干一场的飞机研制前线横扫到"牛棚"

陈一坚院士给刘华清将军介绍"飞豹"

里！他还迷惑不解，可已经作为"重点改造"对象，前几日的"威风"像枯枝败叶，一下子落到地面上了。他做着种地、放羊、喂猪、扫厕所、修理过汽车等不愿做的事，感到窝囊、烦躁，心里却想着设计飞机上的事，有时饶有兴味。

逆境可以摧垮一个人，也可以造就一个人。

早在1965年，陈一坚就开始系统地学习研究"疲劳与断裂"知识，忽然间进了"牛棚"，干活当然辛苦，一天的量不能不完成，可心里想着，谁也不知道。他还牢记徐舜寿生前嘱托，思考着运7飞机测绘设计中的"疲劳与断裂"问题，常常是通宵达旦。

恢复工作以后，陈一坚很快编制出了中国第一份飞机疲劳试验大纲和运7飞机疲劳试验疲劳载荷谱。随之，《疲劳手册》在他主编下应运而生；《微观断裂力学》一书，与中国科学院力学研究所的同志合作编著，也顺应时势发展昭然面世，这是两本很有价值的专著。陈一坚攻克飞机"疲劳"问题的专家，鼎鼎大名，不胫而走。

科技创新非常重要，陈一坚在接受中央电视台记者采访时说："创新并不神秘，有了需要就有问题，有了问题，就向创新的人提出了一个题目，攻下来了，这个新的结果，就是创新结果。"需要创新就得想方设法实现创新结果，身怀绝技的陈一坚就是一个不断创新、不断出成果的高工，因此，攻克飞机"疲劳"等问题，就不在话下了。

<h2 align="center">"飞豹"冲天</h2>

"飞豹"飞机参加"神威"1995联合演习"时，受到了江泽民主席等军委首长的检阅和赞扬。

1998中国珠海国际航展上的出色表现，给世人一个惊喜，又使国人扬眉吐气。

50周年国庆阅兵式，"飞豹"飞机以它迷人的风采、独特的英姿编队飞过天安门广场，壮我国威、军威。

这是陈一坚的杰作。

20世纪70年代末、80年代初，我国急需研制一种在平时能对敌人起威慑作用，战时能取得局部战争胜利的"杀手锏"武器。歼击轰炸机"飞豹"的研制提上日程，研制任务落到了西安飞机设计所。谁能出任"飞豹"的总设计师？非陈一坚莫属。

"飞豹"冲天

1982年，陈一坚被国防科工委任命为"飞豹"型号总设计师。面临时间紧，任务重，优秀人才缺，设备差，真是困难重重。请听2013年7月13日中央电视台1套采访他时他说的话："我们原来没搞过这个超音速飞机，要一下做跨三代的超音速飞机而且还能攻击地面，对我们来说，确实是两眼一抹黑的状态。"但陈一坚不负众望，以总设计师的胆识和战略眼光，大胆决策，选用国际上先进的军用飞机设计规范，摒弃了沿用多年但已落后的前苏联规范，大家消化新规范，妥善地解决了使用中的协调配套问题，使飞机设计水平跃上了新台阶。

陈一坚以智慧与才干攻克了许多难关：

在全机静力试验中，提出了达到67%设计载荷即可首飞的决断性意见，这样就缩短了研制周期；积极支持采用新技术、新材料、新设备和新工艺。精心优化组合，保证了"飞豹"飞机设计的可行性与先进性。例如，用1∶1的过气道和发动机在地面做匹配试验，做得比英国人要求的还好；组织设计人员底研制成功7760CAD/CAMM计算机辅助设计、制造及管理系统，提高了设计效率与质量，加快了研制进度。此项成果获得国家科技进步二等奖。

1988年12月，"飞豹"在西安陡然亮相，要首飞了，成功还是失败，压力有如一座泰山。陈一坚日前对电视台记者说："首飞了，压力大的不得了，我对我女儿说，给我准备救心丸。"结果，"飞豹"表演精彩，成功了，以后还装备部队使用。

"飞豹"研制获得国家科技进步特等奖，陈一坚是第一获奖人。

陈一坚长期从事飞机设计研究工作，主持参加了多个型号飞机的设计和研制，组织过几十个厂所成功地完成了研制任务，填补了我国此机型的空白。他为我国航空工业的建设和发展，做出了突出贡献，获国家科技进步特等奖1项、二等奖1项，部级科技进步一等奖4项、二等奖1项；主编出版的设计手册2套，译著3册；荣立一等功2次；部级劳动模范。与此同时，还教书育人，先后培养多名硕士生和博士生。1999年当选为中国工程院院士。

敢在喜马拉雅山巅上行走

——中国科学院院士陈景润

陈景润，汉族，1933年5月22日出生于福州市闽侯县，1996年3月19日逝世。中国著名数学家。1953年厦门大学数学系毕业。1966年发表《表达偶数为一个素数及一个不超过两个素数的乘积之和》（简称"1+2"——陈氏定理），成为哥德巴赫猜想研究上的里程碑。1978年获得中国自然科学奖一等奖。1999年，中国发行纪念陈景润的邮票。同年10月，紫金山天文台将一颗行星命名为"陈景润星"。 2009年9月14日，他被评为100位新中国成立以来感动中国人物之一。

从兴趣到敢走摘王冠之路

陈景润出生在贫苦的家庭，母亲没有奶汁，靠向邻居借米熬汤活过来。他从小兴趣数学，可家庭困难上不了学。白天，他经常教小弟数手指头玩；晚上，求哥哥给他讲算数。稍大一点，边帮母亲干活，边练习写字和演算。母亲见他学习心切，就把他送进了城关小学。他长得瘦小羸弱，沉默寡言、不善辞令，性格内向，生性却倔强。他十分用功，成绩很好。有钱的同学嫉妒，对他拳打脚踢，他从不曲意讨饶，就淌着泪回家，向妈妈要求退学，妈妈"要好好学，争口气，长大有出息"的话让小景润擦干眼泪，化为学习的动力，成绩一直拔尖，终于以全校第一名的成绩，考入了三元县立初级中学。

　　陈景润对研究现实世界中数量关系和空间形式的数学这门科学，情有独钟，对数字、符号那种特有的天生热情，使得他忘却了人生的艰难和生活的烦恼。一本数学课本，只用两个星期就学完了。老师觉得这个学生不一般，就激发他的爱国热情，说："一个国家，一个民族，要想强大，自然科学不发达是万万不行的，而数学又是自然科学的基础。"这如同一颗信仰数学的理想种子，种进了他的心坎。从此，他就更加热爱数学了，经常好像着了魔似的，并且都是用好学好钻研的举动来体现。结果，一直到初中毕业，数学成绩都始终全优。

　　一般人觉得，数学具有的高度抽象性、严密的逻辑性和应用的广泛性，别有一番学海无边的深奥。可这丝毫没有难倒陈景润，不仅不会使他觉得深不可测，反而让他经常痴迷，积极探究。演算数学题占去了他大部分的时间，索然无味的代数方程式使他充满了幸福感，自己对自己越来越苛刻要求。他难道不知道这是一条崎岖不平的路？他懂得，钻研数学的路，如同盘着山脊走到山巅的路，也许一生奋斗，没有成果。尽管如此险恶，但他不怕，愿意牺牲，仍能毫无犹豫地跨上去，一门心思地钻进了这条充满许多未知知识的路。他平素总要寻求一个又一个的突破，总要到那里面去觅取人生的快乐，总要让自己数学兴趣充分得到发展的空间。

　　陈景润在福州英华书院念高中时，有幸遇见使他终生难忘的沈元老师。沈老师曾任清华大学航空系主任，因抗战回家探母病，才成了陈景润的班主任。有一次，沈老师出了一道有趣的"韩信点兵"数学题。大家都闷头算起来，陈景润很快小声回答："五十三人。"速度之快，全班惊呆。沈老师望着衣衫褴褛的陈景润问，怎么得出来的？他羞红着脸，无声无息地用笔在黑板上写出了方法。沈老师高兴地帮他讲解完，接着介绍了中国古代对数学贡献，又极富哲理地讲：自然科学的皇后是数学，数学的皇冠是数论，"哥德巴赫猜想"则是皇冠上的明珠，是数论中至今未解的难题。沈老师希望大家将来能创造出更大的奇迹，把它摘下来！课后，在沈老师鼓励下，陈景润问："我能行吗?"沈老师说："你既然能自己解出'韩信点兵'，将来就能摘取那颗明珠：天下无难事，只怕有心人啊!" 这引人入胜的故事，像磁石一般吸引着陈景润，那一夜，他失眠了。这一至关重要的启迪之言，成了他一生为之呕心沥血、始终不渝的奋斗目标。

陈景润知道哥德巴赫猜想是纯粹数学，与费马大定理等世界名题一样，是世人关注的焦点，一旦有所突破，可被视为人类思想史上的大事。数论王冠是美丽的，哥德巴赫猜想王冠上的明珠更绚丽多彩。想到这些，他心坎如萌发一颗要摘取皇冠上的明珠的梦想种子，既激动，又坚定，身上有一股使不完的劲；强烈的愿望，叫他暗下决心，迎难而上，哪怕爬上喜马拉雅山山巅去摘取，也要努力攀登，奋斗不止!

兴趣是第一老师。正是这样的数学故事，引发了他的兴趣，引发了他的勤奋，引发了陈景润敢在喜马拉雅山山巅行走，从而引发了一位伟大的数学家。

敢在喜马拉雅山山巅上行走

1966年，历经许多磨难，陈景润以惊人的毅力，攻克了世界著名数学难题"哥德巴赫猜想"中的"1+2"。中国沸腾了，全球轰动了。世界级的数学大师、美国学者阿·威尔(A·Weil)得悉后曾这样称赞："陈景润的每一项工作，都好像是在喜马拉雅山山巅上行走。"

这话说得好! 陈景润创造的奇迹，给了我们许多启示：

首先，很危险。从世界近代三大数学难题来说，无数像陈景润最初那样，敢在喜马拉雅山山巅上行走的人，结果辛苦一辈，却是南柯一梦，即失败者不计其数，成功者寥寥无几。

费尔马大定理起源于三百多年前，挑战人类三个世纪，多次震惊全世界，耗尽人类众多最杰出大脑的精力，也让千千万万业余者痴迷，历经千难万险，终于在1994年，被美国数学家安德鲁·怀尔斯攻克。

一百多年来，四色定理吸引许多数学家与数学爱好者，但无法攻克。在1976年，美国伊利诺大学哈肯后与阿佩尔，合作两台不同的电子计算机，用了一千两百个小时，作了百亿次判断，终于完成。

不过不少数学家认为，应该有一种简洁明快的书面证明方法。直到现在，不少数学家和数学爱好者勇于挑战，也徒劳无益。

德国数学家哥德巴赫于1742年，提出哥德巴赫猜想，各国成千上万数学家都跃跃欲试，前赴后继，拼尽一生，竞相折腰。直到19世纪末，没有任何进展，为两百多年悬而未决的世界级数学难题，其难度远远超出了人们的想象。数学王冠上的明珠啊，真可谓可望不可及！

由于陈景润的贡献，人类距离哥德巴赫猜想的最后结果"1+1"仅有一步之遥了。要实现这最后的一步，千难万险，也许还要历经一个漫长的探索过程。有许多数学家认为，要想证明"1+1"，必须通过创造新的数学方法，以往的路很可能都是走不通的。

其次，很曲折。陈景润攻克了哥德巴赫猜想"1+2"，非一蹴而就，而是走了许多曲折艰险的路。一是打好基础。他是中小学学生中数学基础良好的佼佼者，又拜华罗庚、王元为师。二是有兴趣，不断学习研究，走了很长的艰苦曲折的一段路，才可以达到冲刺的水平。三是不断挑战数学难题。20世纪50年代，他以无暇问津人间世事的孤独，却在极短的时间内，完成了第一篇论文《他利问题》。他对高斯圆内格点问题、球内格点问题、塔里问题与华林问题的以往结果，尽管繁锁复杂，都做出了重要改进。20世纪60年代后，他又对筛法及其有关重要问题，进行广泛深入的研究。这个过程，也有如攀登在喜马拉雅山山巅上，蜿蜒曲折，艰难无比，耗去了他许多体力与精力。

再次，很辛苦。1966年前几年，陈景润就得了胃病，仍然不管是酷暑还是严冬，不顾一切，经常屈居于六平方米斗室里潜心钻研，食不知味，夜不能眠，借一盏昏暗的煤油灯，伏在床板上，用一支笔，光是计算的草纸就足足装了几麻袋，居然攻克了世界著名数学难题"哥德巴赫猜想"中的"1+2"。他并不是天才，却有着超人的勤奋和顽强的毅力，长期孜孜不倦，勤奋钻研，每天工作十二个小时以上，他的成功就是用生命换来的。无论是在"文革"中，受到不公正对待，还是遭受疾病折磨，遇到困难，他都没停止过对哥德巴赫猜想的追求，直到创造了"1+2"，被命名为"陈氏定理"，同时被誉为筛法的"光辉的顶点"，距摘取这颗数论皇冠上的明珠"1+1"，只是一步之遥。他研究哥德巴赫猜想和其他数论问题的这些成就，至今仍然在世界上遥遥领先。辉煌美名，彪炳千古。为我国数学事业的发展做出了重大贡献。他的事迹和拼搏献身的精神，在全国广为传颂，成为粉碎"四人帮"以后，鼓舞全国人民进行新长征的精神力量，成为一代青少年心目中传奇式的人物和学习楷模。

再其次，很敬业。陈景润把数学作为毕生的事业，迷恋和热爱达到了如痴如醉的程度，数学研究几乎是他的全部生活和精神寄托。枯燥的数学，被陈景润点化为繁星璀璨的天空、万木葱茏的大地；展现出一系列耐人寻味而又充满浓郁生活气息的美学风采。他对"哥德巴赫猜想"极度入迷，宿舍的灯光经常到天亮。在图书室找资料看书时，管理员喊下班了，他一点也不知道，等到肚子饿了才想到吃饭，匆匆向外走去，结果是"铁将军"把门。他笑了笑，又转身回到书库，重新钻进了书的海洋。他走路也是边想边走，有一次他碰到路旁的大树上，连忙道歉，可是并没有反应，他仔细一看，才知道自己碰的是一棵茂盛的白杨树。

　　一个人是一个世界，也是一页历史。陈景润是旷世奇才，沿着他怀抱数学在喜马拉雅山山巅上行走的足迹，我们却可以清晰地倾听到时代前进的脚步声，可以鲜活地领略到岁月风雨的凉热，可以敏感地品味到人生奋斗的艰难和壮美。

继续攀登美名千古

　　陈景润攻克了世界著名数学难题"哥德巴赫猜想"中的"1+2"后，崇高声誉在国内外到处流传，甚至震天价响。有人说，他终于走到了喜马拉雅山山巅，那"1+1"王冠，在那珠穆朗玛峰巅，可望不可及啊！陈景润说不！他又抖擞精神，继续登攀了。是啊，在一片赞扬声中，他毫不自满,十分谦逊地说："在科学的道路上我只是翻过了一个小山包,真正高峰还没有攀上去,还要继续努力。"

　　陈景润说到做到。

　　1973年2月，从"文革"浩劫中奋身站起的陈景润，再度完成了对"1+2"证明的修改。其所证明的一条定理，震动了国际数学界，被命名为"陈氏定理"。

　　1979年，陈景润应美国普林斯顿高级研究所的邀请，去美国作短期的研究访问工作。普林斯顿研究所的条件非常好，陈景润为了充分利用这样好的条件，挤出一切可以节省的时间，拼命工作，连中午饭也不回住处去吃饭。有时候外出参加会议，旅馆里比较嘈杂，他便躲进卫生间里，继续进行研究工作。正因为他的刻苦努力，在美国短短的五个月里，除了开会、讲学之外，他完成了论文《算术级数中的最小素数》，一下子把最小素数从原来的80推进到16。这一研究成果，也是当时世界上最先进的。

接着，陈景润还在组合数学与现代经济管理、尖端技术和人类密切关系等方面进行了深入的研究和探讨。他先后在国内外报刊上发表了科学论文七十余篇，并有《数学趣味谈》《组合数学》等著作，曾获国家自然科学奖一等奖、何梁何利基金奖、华罗庚数学奖等多项奖励。自1978年以来，他培养了多名博士研究生。

陈景润患严重的结核性肺膜炎、帕金森病，有时疼得昏了过去，可为了使自己梦想成真，一醒过来又继续演算。有一次他又昏倒了，同志们把他送进了医院。醒来后，他又要他的书和笔。大夫让他全休一个月，他却说是向雷锋学习而偷偷地跑出了医院，病魔也没有使他停止对"哥德巴赫猜想王冠上明珠"的研究。

中科院院士林群用2008年奥运会打了个比方："陈景润是数学界的百米飞人博尔特，挑战着智力极限。他保持的这个纪录，至今三十四年，仍无人能破。"

1991年北京电视台"祝你成功"栏目记者曾问过陈景润："人生的目的是什么？"陈景润说："是奉献，不是索取。"

科学上的巨人，你敢在喜马拉雅山山巅上行走，虽已化为历史，但足迹永存；你的一生，是让世世代代奉为典范的一部长卷，一部鸿篇巨著。

我同意有人说的：他的经历比传奇更曲折，他的性格比小说更鲜明，他的气质如南方的榕树，他的品格是北方的桦林。

献身 "三农" 的院士

——记中科院院士谢联辉

谢联辉，福建龙岩人，1958年毕业于福建农学院农学系，植物病理学家，植物病毒学家，农业教育家，中国科学院院士。历任福建农学院讲师、植物病毒研究室主任、副教授、教授、植物保护系主任。

农民孩子　抉择农科

谢联辉，1935年生于福建省龙岩县雁石镇礼邦村的一个贫苦农民家庭，家境十分贫寒。谢联辉甚是勤劳和灵巧，从小就懂得下地帮助父母务农。少小师从其舅，舅斥资相助，把他送入正式学堂。1948年春夏之交小学毕业，谢联辉因家境困难而愁眉不展。回家务农还是继续升学？看似人生当中第一次最为艰难的抉择。可该是农家的优秀品质造就他很快作出决定，毅然决然选择了学业与农活两不误的"双肩挑"。他既专心致志修好学业，又在农业劳动中，注意探求有趣、奥妙的东西。他日日夜夜，坚持不懈，立志为农、探农的种子萌芽心中，讲求学习和劳动成果，也见诸每堂课和每次实践。

初中毕业了。念普通高中还是读高职农校？谢联辉再一次面临抉择。前思后想：要读高中，当然好，可以上大学，可就得到县城，那么，家中农活干不了，学费、生活费和杂费无法解决？念农业学校，听介绍说国家急需农业科技人才，会给贫困学生发全额助学金，既管饭吃，又有零用钱，虽说要寄宿学校，可离家近，假日还可回家帮忙干些农活。他决定报考省立龙岩高级农业职业学校(简称龙岩高农)。双亲同意他的选择，却不知孩子还有父母怎么也想不到的秘密：一是可解"痴"和"迷"。他以前劳动中发现水稻前期长得好好的，后期怎么一下子就成瘟—'簸箕瘟'(稻瘟病)，有的还大片覆没？可以在农校中解决。二是可解燃眉之急。他发现龙岩高农附近有一个煤矿，有空可以去挑煤挣钱，搞半工半读，不求家人就解决了经济困难。

1954年夏，谢联辉以优异的成绩毕业于龙岩高农。父母和他都希望立即走上工作岗位，到农业第一线去当一名技术人员，服务农业。这样，拿了工资，养了自己又补贴家用。可政府决定从龙岩高农应届优秀毕业生选拔若干名，考福建农学院，谢联辉也在其中。这次要不要去升学考试？是谢联辉人生当中的第三次抉择。他听党和政府的话，满怀信心到福州应试，真是预料之中，考上了。谢联辉读过高农，又干过农活，拥有比较丰富的实践经验，对专业课程均能举一反三，如鱼得水啊！

1958年，谢联辉大学毕业，同学们纷纷选择留校或好的单位，那是顺理成章的事。谢联辉却要到农村去办示范农场、搞试验，心甘情愿当一名"农民"。这成了爆炸新闻，有人说他"傻"，也有人说他"苯"。谁知学院党委却批准了。谢联辉心旷神怡，觉得确实实现了自己的意愿，就高高兴兴来到了革命老区长汀县的一个偏僻的乡村住下来，与农民同吃同住，参与了农村的三大革命实践。这一次的抉择，虽出乎人们意料，却不艰难，因为他知道，自己生长在农家，来自农村，学的农科，再回到农村，服务农村、农业和农民，一是天经地义，二是顺理成章，三是如鱼得水，更重要的是自己的理想实现了。

献身"三农"　教研并进

为农村农业农民而致力于教学和科研。几十年来，谢联辉都始终努力，坚持不懈。大学学习期间，各门功课总是优良，深得师生好评。来到植保系植物病理学教研室任教，在教书育人上颇具特色，独树一帜。

谢联辉十分注重理论联系实际，注重培养具有联系"三农"的敬业、创新精神，具有教学、科研、生产、劳动、社会五种实践能力的高级专门人才。他说："授人以鱼，不如授人以渔，应作为教师解惑授业的一个指导原则。"他的课堂教学少而精，注重培养学生读写、讲演和实践能力。他深知教育必须联系实践，带领学生到农田，既加深对"三农"有深刻认识，又深化对专业知识的理解，达到教学相长的目的。不管哪个课程、专业和班级，他长期坚持这么做，成效也显著。

谢联辉从事农业教育四十多年，主持和组织了植物保护、植物病理学和农药学等不同层次的教学工作，先后主讲十多门课程，承担博、硕士学位课程多门。他主讲的《植物病毒学》于1997年被评为福建省优秀课程，主持的《植物病毒学课程体系的建设与实践》于同年被评为福建省优秀教学成果一等奖，主持的《普通植物病理学》于2004年被评为国家精品课程。他培养的二十名博士当中，有一名的毕业学位论文被评为全国百篇优秀博士论文，实现了福建省省属高校零的突破，各有三名获福建省优秀博士学位论文一、二等奖，现他仍指导着一批博、硕士生和博士后。

谢联辉善于从"三农"出发，并与科研紧密结合起来。他常说："开展科学研究，不联系生产实际，不结合学科发展需要，就很难有生命力"。作为植保和植物病理学科带头人，长期十分注重整个学科队伍建设，落实五种实践；①教学实践、②科研实践、③专业实践、④生产实践、⑤社会实践锻炼。产生了两个成果；

一是建设了一个创新群体的学科平台。如植保系（学院）在原有的一个昆虫学博士点（1983）的基础上，新增植物病理学（1990）和农药学（1998）两个博士点，植保一级学科也于1998年在全国首批成为一级学科博士学位授予点，1999年在原农学博士后科研流动站（1994）的基础上又获准设立植物保护博士后科研流动站。1992和1995年，昆虫学和植物病理学先后被评为省的重点学科和211重点学科，特别是原是三类学科的植物病理学科，在他二十多年的带领下，先后进入农业部重点学科（1999）和国家重点学科（2001），为我省乃至我国的学科建设作出了贡献。

二是建设了高素质的服务"三农"的团队。如在植物病毒领域，他不仅培养一支过硬的队伍，还带领团队深入系统地研究了水稻条纹病毒(RSV)和水稻草矮病毒（RGSV）的群体遗传、分子变异以及基因功能与表达调控等理论，通过试验实践，得出正确结论，在GenBank等数据库上，登录了数量较多的病毒基因核苷酸及其编码的蛋白质的氨基酸序列，其中仅RSV就有一百二十一个，占世界所有序列的96%，发表了系列论文。在国内外，引起较大影响。他所带领的团队，是国际上水稻病毒研究最为活跃的群体之一。

心系农民 志在农业

　　作为农民的儿子，谢联辉心系农民，志在农业。他参加工作以后前后四次共达八年之久在农村驻点。早在1957年，谢联辉还是大学三年级，到省外一个地方国营农场实习。调查中发现农民饭碗里的米几乎粒粒可数，农民大哥皱着眉告诉他："稻子又犯瘟了，现在不省着点，冬天就要断粮。"他暗下决心，一定要想法解决

稻瘟病问题，整天地泡在田间，终于发现在水稻栽培和田间管理过程中做到适度控水、控肥，让植株长势适度，就有可能达到控瘟效果。他在这一思路的指导下，参考农民的经验，开始了试验，有了成效，农民感激万千。曾为宁化县解决稻瘟病，把水稻平均亩产一百公斤跃升到四百零三公斤，并首次创立了稻瘟病"栽培免疫理论"，历经三年他也写就了《论稻瘟的免疫》，于1961年，作为我国第一本被收入《植物免疫学》统编教材，由农业出版社出版。

　　谢联辉对农村、农民有着特殊的感情。早在读中学和干农活中就有许多不得其解的问题，他希望将来做个有知识、有技术、能为农业生产解决问题的农民。大学快毕业时，他自愿要求到农村去。1958年初春，谢联辉来到了闽西老区的长汀南山，受到当地干部群众的热烈欢迎，并拨了三十多亩土地，组织了十个青年，成立了青年突击队。谢联辉任副队长，负责技术工作和全区的技术培训。在那里，他为能将所学的知识运用到农业实践中倍感兴奋。由于大胆改制，技术到位，灵活运用"八字宪法"，水稻的亩产量由原来的不到一百五公斤提高到四百多公斤，在当地起了很好的示范作用，他也因此被评为县生产模范。

农民的需要，就是谢联辉的科研课题。20世纪五六十年代，小麦秆锈病在福建冬麦区和北方(东北三省)春麦区六次大流行。每年总产量损失20%-50%，解决小麦秆锈病问题成了当时的当务之急。他不知多少次深入农场农田调查研究，找到了小麦秆锈菌产生原因，并提出解决办法，如提出耕作改制——不种八月麦，切断病害循环，从而使该病得以根本控制，已使福建和全国小麦秆锈病几无踪迹。

谢联辉参加工作以后，又有两次长驻农村的经历。在这共长达六年的期间，他不仅和农民建立了深厚的感情，而且解决了生产中的一些关键问题，为当地农业的增产增收作出了重要贡献，深受农民欢迎。第一次他深入莆田县沿海，以梧塘公社为基地，通过改换品种和综合防治，很好地解决了小麦秆锈病和水稻白叶枯病问题。第二次下放宁化县山区，他志愿要求到被称为"六百斤架子，两百斤产量"的稻瘟病之乡，通过摸底，找到对策，第一年即把病害控制住，获得全乡一千五百多亩水稻平均亩产四百零三公斤的好收成，吸引了邻近农民的关注，先后有八个县三十几个公社、大队和劳改农场的干部，农民前来参观取经，受到上级领导的表彰。

1973年谢联辉带领课题组深入到福建省四十一个县、市一百五十个大队，进行水稻病毒病调查研究。发现稻田中有一种奇异的病株，和过去所有病毒病都不同。他经过几年的反复试验，明白是由一种新的水稻病毒所致；又经过几年的反复验证，参照柯赫法则要求，再通过多种艰苦实验，总算得出结果，写了一篇论文：《水稻簇矮病———种新的病毒病》，得到同行专家好评。

谢联辉教学和科研成果卓著，迄今他出版学术专著和统编教材四部，发表学术论文两百八十多篇，编译出版译丛三本，还应邀为《农作物主要病虫害测报方法》、《中国水稻病虫害综合防治进展》、《中国农业百科全书》（农作物和植物病理学两卷）撰写了重要论文。这些成果，充满浓浓的乡土味，是他献身农村农业农民的历史见证。

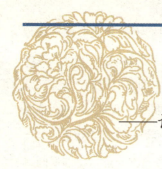

催化与升华

——记著名催化专家魏可镁院士

京城大地，腊梅欢笑。人民大会堂内，掌声雷动。

这是新世纪的第一个春天，中共中央、国务院在北京人民大会堂召开科学技术奖励大会。在阵阵掌声和欢乐的乐曲声中，神采奕奕的江泽民总书记，双手捧着"国家技术发明奖证书"，

颁发给了魏可镁。领袖的手与科学家的手紧紧地握在了一起。价值是无法用金钱衡量的，分量也是无法用任何衡器能称出的。

为了祖国，没有条件也要上

1972年之前，魏可镁担任福州大学高活性氨合成催化剂项目课题组负责人的时候，进行高活性氨合成催化剂的研究，不是设备差，而是根本没有设备。

什么也没有，搞啥实验？怎么研究？巧妇难为无米之炊啊！有人畏缩，也有的人提出向上打报告。魏可镁坚定地对同事们说，退缩是不可能的事情，伸手向上要条件也是不可能的事情。国家不是也很困难么？国家需要我们去解决困难，没有困难，要我们这些人干什么？是火焰山，我们也要过，为了祖国，没有条件也要上！

"科学有险阻，苦战能过关。"凭着这股精神，几十年如一日刻苦攻关，魏可镁取得几十个优秀科研成果，如：1983年A110-3型氨合成催化剂获国家技术发

明三等奖；1991年B116型一氧化碳中温变换催化剂获化工部科技进步奖二等奖；2000年B121型无铬一氧化碳高变催化剂获国家技术发明二等奖；2006年FBD型一氧化碳高变催化剂获福建省科学技术一等奖。有的填补了我国空白。有的领先于国际先进水平，大多有极大的经济效益。奖励、荣誉也多多，如：1985年被评为福建省先进教育工作者；1990年被评为全国高等学校先进科技工作者；1997年被评为福建省优秀专家、全国优秀科技工作者；2004年荣获首届"福建省科学技术重大贡献奖""福建省杰出科技人员"荣誉称号。2005年荣获何梁何利基金科学与技术进步奖……

一次，国家化工部领导和专家参观魏可镁他们的实验后，吃惊地赞叹：这里科研条件并不先进，而这里的研究工作却实实在在，是第一流的水平啊！

从没有科研条件到创造出了一般条件，从简单的条件创造出第一个国内领先水平的成果到一个个国际领先水平的成果，是靠魏可镁夜以继日"跟实验室谈恋爱"谈出来的。是靠他带领同事们用勤劳智慧的双手在"一张白纸"上绘画出来的。

我是中华人民共和国福州大学的魏可镁

"魏教授回来啦！""魏可镁从日本回国啦！"

那是一个春花烂漫的时节，福州大学校园里，一时间欢声笑语，上上下下都在传颂着这个令人高兴的消息。

是啊，魏可镁按规定日期归来，有的人为他惋惜，更多的人是赞许和敬佩。那几年，延长了在国外时间和不回来的大有人在。像魏可镁这样的有突出贡献的中青年专家，要留在日本不是一件非常容易的事吗？

魏可镁1994年以访问学者的身份，被公派往日本筑波科学城技术研究所的。有人说，日本的筑波城，不逊于美国的"硅谷"。魏可镁暗喜：一定要做出成绩，为国争光。

日本科技领域里，人的眼里没有中国人。魏可镁经常感受到了明显的歧视味道。他一做试验，课长跟踪盯梢，好像担心他弄坏设备。有一次研究试验中，魏可镁觉得研究方案不够严密，而这又是一项还没有被人突破的高精尖的研究课题，他不得不坦诚地提出了不同方案及理由。可他们说："不，你就按我们的方案做吧！"结果实验一次又一次失败。有一天，魏可镁趁机委婉地对课长说："先生，试验可否调整一下试试？""好吧，那你就试试吧！"课长只好同意了。魏可镁独立自主地实验，最后达到要求。课长热烈地祝贺他说："魏先生，成功了，可以取得专利了！"但是，在申报专利的过程中，他们不仅把魏可镁的名字列在最后面，而且把他写成是日本化学研究所的魏可镁。魏可镁找他们说理，一直到理直气壮地说："我是中国人。你这样一写，别人就把我当成日本人了。我要求明确写清楚，我是中华人民共和国福州大学的魏可镁！"嗓音并不高，却是一字一顿，铿锵如铁。看似很平常的一句话，在日本专家那里，无疑似平地炸响一声雷！震撼了心灵，终于使他们在专利证书上写上"中国福州大学魏可镁"。从此，日本同行对魏可镁刮目相看，待遇接踵而来，送毛毯，送大衣，送日元，请他吃饭。魏可镁的专业水平和刻苦钻研精神特别是他的人格和体现的国格，深受日本同行专家的喜欢和尊敬。访日快结束的前一个月，日方特地要留下他，或者派到英国ICI公司研究所工作，多么诱人的"留下来"啊！只要魏可镁答应，这里世界一流的科研条件，专用汽车，豪华别墅，举手可得，而魏可镁又出生于日本，生活习惯，语言相通，留下来前景无限。魏可镁也是一个有七情六欲的人，对此，难道他不会动心吗？魏可镁不是没有考虑，更不是不会考虑。只因"世上绝没有无缘无故的恨，也绝没有无缘无故的爱"。这不是一个伟人早就告诫过的吗？魏可镁怎能忘记过去……

魏可镁祖籍在福清一个贫穷的小岛。其父离乡背井，到日本打苦工三十多年，备受欺凌与屈辱。魏可镁还记得小时候，有一天，他的哥哥哭着从学校跑回来告诉父母亲说，日本同学骂他"小亡国奴"，逼他当马在操场上跪着爬，一个个轮着骑坐在他身上……听着，母亲哭了，姐弟们也都跟着哭了，他记住了。父亲则闷声不响，气得浑身发抖。终于有一天，父亲痛痛快快地大声说："我们回中国去！"

1944年底，全家终于回国了。魏可镁读书成绩很好，且爱祖国，爱集体，爱劳动。小学六年级入团。高三就加入了中国共产党。1965年，魏可镁从福大化学系物理化学专业毕业，被留校当助教。从此，他在化肥催化剂科研战线上奋斗了三十多年。取得了许多创造性成果和重大贡献，确为罕见！？那是"祖国在心中"啊！魏可镁牢牢记着在异国他乡受歧视凌辱的情景，深深懂得国家落后就要受欺侮、挨打的道理，念念不忘党和人民的教育培养之恩，祖国的分量在心中有着特殊的比重："科学没有国界，但科学家有祖国。"因此，他对日本人的诱惑毫不动心，按时回国。那位课长、主任研究官，开车陪他到离筑波六百多公里的京都游览了三天。研究室三位同行到机场送行，依依惜别。

不老的"催化剂"

魏可镁是个名人。有人说他是个奇人，也有人说他是个怪人。其实，魏可镁是个普普通通的人。

魏可镁个头不高，缕缕银发更增添了他那大学者的风采。你从他面带倦容的眼睛里，触撞到那双闪射着明亮的光，感受到他的睿智和永不熄灭的燃烧着的生命激情。

国家投资5千多万由魏可镁负责筹建工程中心，这时他已经是福州大学校长了。有人要打他的主意，"启发他'灵活点'"，搞一点集体福利什么的。"不行，一分钱也不能挪用！"魏可镁"不近人情"，"一毛不拔"，戏称他为"铁公鸡"，不屑一顾。他真的只知道国家和人民的利益至高无上，科研经费专款专用，守着"金山"不放松了！

魏可镁是个"只知道干活的人"，连粗活脏活也和年轻人一起干。他年轻时候就是这样，很重的氧气瓶一个人扛起一个就往楼上实验室跑。以后年纪大了，还不甘示弱，只要关系催化剂的事，不论什么活他都会干。有一天，铁件运回来了，要从车上往下搬，他也忙乎着，还担心年轻人手嫩，叫人去买手套戴上。

魏可镁连走路，吃饭，做梦，上厕所……想的都是催化剂。有一天，他在家里，突然来了一个灵感，就急匆匆赶往实验室。同事们见了他无不忍俊不禁，原来他一只脚穿着拖鞋，另一只脚穿着凉鞋。

魏可镁工作专注，可谓雷打不动。一旦在实验中得到一个数据，他会像孩子一样高兴地跳起来，叫起来！催化剂中试车间有多种剧毒物质，粉尘满天飞，一天下来，魏可镁从头到脚都积了一层氧化铁粉尘，都认不出人来了，却笑着对年轻人说，我们大家都成包青天了，都是清官啦！

催化剂成了魏可镁能坚持日思夜想的"兴奋剂"。有一次他得了肾炎，医生要他休息两周，他只休息两天就上班了。还有一次，医生诊断他得了败血症，住院挂瓶，他第二天便跑回家，第三天便上实验室。女儿含泪带笑地批评他："爸爸，你太自私了。"

1995年的暑假，魏可镁在实验室准备研究生课题时，突然感到身体不适，他不在意；后来，每隔一周，鼻子就长出一块带血丝的东西，他还是不理，能撑就撑、能熬就熬。当医生的妻子硬是逼着他上医院检查诊断为：鳞状鼻咽癌。

这真是晴天一个霹雳。魏可镁一时也给震呆了。事业正渐入佳境，那日思夜想的催化剂，难道就这么完了？那一同拼搏的同事们，还有那朝夕相处的亲人，这一切都溶入了他深深的情感中，我不能这么离开，千万不能倒下！

"我只能在精神上不把自己当病人。"魏可镁说。于是，他科学攻关的劲头更足，也和病魔展开了一场殊死的搏斗。在接受放射治疗的两个多月里，他总是每天上午到医院，下午又一头扎进实验室，连星期天也不例外。

由于连续照射，魏可镁的唾液腺被破坏了，嘴里一点唾液都没有，每天夜里要起床喝水七八次，喉部焦到脱皮两次，仍坚持工作。当时的副省长王良溥听说他病了，便利用休息日到家里看望他，没想到却是在实验室里找到他的，妻子无奈地说："不让他工作，等于要他的命。"

放射治疗期间，日本长崎大学工学院院长到福大访问交流并洽谈合作研究事宜。魏可镁特地请医生给他做了面膜，把照射时画的红紫线掩盖住。接待中，魏可镁不仅亲自当翻译，还商定了一项合作项目，而这位院长却始终不知道站在他眼前的这个中国科学家已是个癌症患者。此间，魏可镁还以惊人的毅力，撰写出了几万字的化肥催化剂国家工程中心申报建议书。

纵观古今中外，大凡有成就的科学家，无一不是舍己忘我、孜孜不倦地追求所认定的目标。魏可镁在催化剂研究的漫长的艰难过程中，不但"催"着自己无止境地探索与奉献，而且催化着年轻人，培养出了一批又一

批年轻的科研工作者，建成一个呈现"老中青"良好态势的梯队。

魏可镁认为，搞科研，既要有高学历，又不能唯学历，坚持不拘一格，唯才是用。在他的课题组里，有几位是当年"工农兵大学生"。魏可镁说："对待工农兵大学生，要有辩证眼光，具体分析，不能一概而论。他们的成才乃至做出重大的贡献是顺理成章的事。"1994年被评为"国家级有突出贡献的专家"和"福建省优秀专家"的郑起，就是一个典型的例子。在魏可镁身边的"工农兵大学生"助手们，都具有高级职称，都被他培养成为响当当的人才。魏可镁周围凝聚并形成了一支能打硬仗的在全国有相当地位和影响的化肥催化剂科研和开发的人才群体。凭着这个人才群体，一个又一个国家级的科研成果在福大诞生；凭着这个人才群体，福建省乃至全国地方院校中第一个国家工程研究中心在福州大学组建；凭着这个人才群体，福州大学向国家奉献数以亿元、十几亿元的巨大经济效益。

人们谈到催化剂，就想起魏可镁，他已与催化剂融为一体。他执著的追求，无私的奉献，崇高的精神，"催化"着人民的事业，"催化"着人们为党的事业不息奋斗。催化剂在产生化学反应之后，完全溶入产品之中，魏可镁也像催化剂一样，全身心地融入科学研究之中，融入社会主义现代化建设伟大事业之中，永远奋斗不息，拼搏不止。这就是魏可镁。一个新时代的科学工作者，志在国家，志在事业，让祖国繁荣，让事业腾飞，他志存高远地孜孜追求，为我省乃至我国科技界树立了一个光辉的榜样。

这就是魏可镁，他是时代的催化剂，科技界的催化剂，升华的催化剂，不老的催化剂。

神 农
——杂交水稻专家谢华安院士

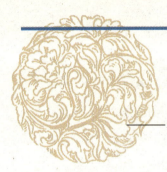

　　谢华安，出生农村、学历不高，但从小就经常萌生的一个梦想，如同种下了一个种子。而他一选中一个可努力奋斗的梦想，就拼命追求，让它抽芽、成长，以致达到目标。这就是他一生所追求的育种和粮食梦想。

　　谢华安凭借勤奋和努力，怀着对土地的反哺深情和对农民的挚爱，为中国杂交水稻的研究与推广并在国际保持领先地位做出了突出贡献，实现自己的梦想。有人说，他和袁隆平等中国水稻育种专家的科技成果，奠定了中国人在本世纪内实现养活自己的科技基础。

　　谢华安育出的"汕优63"等稻种及水稻是"神稻"。他人矮，手粗，脸黑，"神农"美称也不胫而走。

"神稻"与"神农"

　　"神稻"与"神农"，该是约定俗成的嘛？所谓"神稻"，就是谢华安育出的"汕优63"。20世纪70年代，它诞生在"杂交水稻真正好，适应性强产量高，跨纲超千有把握，晚稻超早能做到"的赞美声中，产生于全国稻瘟病大规模爆发之后。在严重的稻瘟面前，许多地方领导和科研部门无计可施，稻农欲哭无泪。谢华安从福建三明横空出世，站出来了。培育成功了良种"汕优63"，它以抗病力强、适应性广、丰产性好等优良农艺性状和强抗性，迅速风靡大半个中国。神奇的年代，神奇的稻种，神奇的产量。1982年后连续4年，比中国第一代杂交稻每亩平均增产71.4公斤，种植面积以成倍的速度增长。据农业部有关部门统计，从1986-2001年的16年间，种植面积占全国杂交水稻的28.74%，种植区域横跨16个省(市、区)，至2003年已累计种植9.31亿亩，占全国杂交水稻面积的24.5%，增产稻谷689.74亿公斤。

　　"神稻"出自"神农"。"神"在哪里？1970年，谢华安自李必湖先生那得到了第一株野生雄性不育稻，如获至宝，开始夜以接日研究试验，逐渐变"偶得"为"神奇"了。种和推广杂交水稻期间，亲力亲为，坚持不懈。无论在福建永安农业职业中学任

教、在"五七"干校担任农业组负责技术副组长，还是到三明农科所工作，从保管种子，浸种，催芽，插秧，施肥，喷药，除草，收割，晒谷，到烤种选种，整个生产过程的布局，他都要亲自操作。这是一个熟悉各种品种的特长、发育的过程。他始终一丝不苟，矢志不渝。由此可见，"神"是出自于他的勤劳、细心、奋发，从中体现出了艰苦奋斗、不怕苦、不怕累、大公无私的伟大精神。"神"也体现在农田。看上去他是黑乎乎的，身瘦，脸黑，手粗，这种的体貌体征，乍看，"神"的出奇，细瞧，又觉平凡。有一年他回家探亲，耕了一辈子田的父母竟有点不敢相认，说："你怎么比我们还黑？你小时也是白皙皙的。"手粗，粗的惊人，一些农民兄弟每每握着他的手，都感到惊讶："科学家的手怎么比我们耕田的还要粗呢？这是风雨骄阳刻在他身上的印记，用碱水和盐水也无法洗去，因为他是水稻育种人，一个与众不同的"神农"！以谢华安人生经历为主线的报告文学《神农》一书中，他被称为"杂交水稻之母""杂交水稻救星"。该书于2000年出版后，福建省农业厅、福建省科协、福建省农科院等单位曾联合举办座谈会，并邀请新华社、中新社、福建日报、福建电视台等19家媒体记者参加。他被树为农业院校和农科单位工作者的学习榜样。

　　"神农！"在山野田间流传开来……

亲情与科研

谢华安先生把全身心的爱倾注到水稻育种事业和科技骨干的身上时，自己的家人却难得一见。

次子和女儿出生时，谢华安都远在天涯海角的育种基地。那年，妻子怀着女儿快要分娩，老大老二正得了麻疹，躺在床上，母子四人都有生命危险。谢华安真想留在家里看护照料，等妻子分娩后再走。可是，海南南繁基地育种的季节到了，育种非同一般，误一天就误一季。谢华安心急如焚，表示要走，妻子实在忍不住说："你走吧，你只知道育种，育种！老婆的命管不管？孩子的命要不要？你还想不想这个家？"痛苦啊！在妻子的泣声中，他双手捂住脸，朝着天，让眼泪往肚里流。他左思右想，反复掂量，还是咬紧牙根，毅然踏上了南下的旅途。这第三个孩子，还是妻子自己接到人世的。

谢华安父亲的六十一岁生日，排行老大的谢华安，本该全盘负责操办父亲的大寿庆典，可恰逢他试验育种基地的插秧、田管季节的关键时期。谢华安想尽人子之孝，可一算，从海角天涯回家来，来回也得半个来月呀，他傻眼了，那岂不耽误了试验！恨自己无分身之术，同事们知道这事后，特地在他父亲生日那天晚上，在海南的橡胶林里点起了六十一根蜡烛，唱起了《生日快乐》歌，只不过把歌词改为"祝你的父亲生日快乐"。当谢华安替远方的父亲吹灭六十一根蜡烛时，锁紧眉头下的双眼，极力透过摇曳的椰树枝叶，再无法抑制内心愧疚与心痛，潸然泪下。

可以说，家，是让谢华安牵挂并常使他心头涌起愧疚伤感的地方。他深感，作为儿子，作为丈夫，作为父亲，自己都是不合格的，在感情上亏欠着父母妻儿。然而自古忠孝难两全，谢华安如是说："工作与家庭、科研与亲情的砝码放在天平上，总不能平衡，不是这头重就是那头轻呀。"显然，在他言行中，科研重了，亲情却轻了，"神稻"却诞生了。

艰辛与成绩

20世纪70年代初，毕业后刚到永安农业学校任教的谢华安，对杂交水稻的育种产生了浓厚兴趣。当时永安农校的工作条件甚为简陋，连必备设施都没有，谢华安就到数十公里外的三明地区农业局借来仪器开始科研。1972年9月，谢华安奉调三明地区农科所工作，由此正式开始了痴心不改的育种生涯。

谢华安育种在海南岛崖城，晚上睡在一片狼藉的生产队仓库里。陪伴他们的是无法驱除的蟑螂、老鼠。谢华安还曾遭遇眼镜蛇，差点丢了性命。一位郑大妈把放着自己棺材的九平方的小房间，作为谢华安与育种同事们的栖身之地，棺材成了"家具"，里面装着实验资料装，上面铺上薄膜报纸放书，他们就围坐在棺材四周读书，整理试验材料。

全国数十家育种单位聚集海南，相距甚远，多竟达几十公里，交通落后。谢华安"驾驶"着他的（双脚）"11路汽车"，到处取经，几乎跑遍了所有兄弟单位的育种基地。他经常被拒之门外，一无所获，但他还是乐此不疲。没地方吃饭，每次他只好饿着肚子，拖着沉重的脚步回来。

谢华安像一只候鸟，奔波、栖息于海南育种基地上，也似乎成了一个追逐太阳的人。

三四月的海南，上午10时至下午1时，热浪翻滚，正是水稻扬花授粉的关键时刻。烈日炎炎下，谢华安守在田头，仔细观察着稻种。饿了，就在田头吃一口面包；渴了，就喝一口自带的凉水。闷热难耐啊！那种苦累，只有天知道。以田间做实验室，还常常碰到意想不到的事。育种期间，他们白天只能与禽畜、飞鸟为敌，赶走它们。晚上要与危害稻种的老鼠较量。一手打手电筒，一手持木棍竹竿，时而不停地驱赶老鼠。还不奏效时，点上马灯吓唬，挖深沟放水淹埋，千方百计，无所不用其极。一晚数班倒，谢华安他们彻夜无眠地守候在试验田头。

年复一年的栉风沐雨，骄阳暴晒，钢铁也会变色，人的脸不黑才怪！一到水稻杂交授粉时，谢华安他们裸露的手和手臂，都要做出各种应该做的动作，一不小心，稻叶的齿像锯子一样把手和手臂，锯开了一道道口子，纵横交错，鲜血淋漓。天长日久，双手伤痕累累，先是起疙瘩，继而化脓，接着结茧，一双粗糙的手就这么"炼"成了！

谢华安没日没夜地奔波在杂交水稻的田野上，风吹日晒，雨淋水浸，得了重度风湿性关节炎。长年累月奔波不停，生活没规律，三餐无定时，冷热不顾，以致过度劳累，他患上了严重的胃病。有时发作，他蜷曲着身子，疼得坐在田坎上，头上豆大的汗珠直冒，站也站不起来。不到半年，他一天中连续便血两次。那年11月的一天，胃病发作，他不顾医生的警告，仍然出现在海南遇播的田头。

志若不移山可改。20世纪80年代后期，谢华安先后主持选育出十来个各具特色的新良种，均已通过国家、省、市品种审定，累计推广8300多万亩。其中"汕优67"全国区试两年，皆获第一名，"威优77""汕优77"的早熟杂交稻，推广面积分别排全国第五位和第八位，"威优77"被列为国家"八五"和"九五"重点科技成果推广项目。

谢华安先后培育出三个百亩亩八千三百产800公斤的超级杂交水稻。其中"II优明86"，在云南的种植，曾创下亩产1196.5公斤的世界纪录。接着，谢华安又在南方进行试验，实现头季再生季亩产达到1300公斤以上，屡创再生稻的世界纪录。

1996年起，谢华安将浩瀚苍穹开辟为新的育种基地，很快就付诸实现，捷报频传。特优航一号及II优航一号比杂交稻"汕优63"每亩增产9.61％，是福建省继"汕优63"之后参试育种增产最显著的杂交稻，已推广百万亩，创中国航天育种水稻的最高纪录。

功夫不负有心人。谢华安的艰辛得到显著成就。他在全国各类学术刊物上发表《杂交水稻中季繁殖制种技术》（1982）等论文十几篇。研究创立了杂交水稻育种四项关键技术，培育出中国稻作史上种植面积最大的水稻良种"汕优63"。据农业部资料统计，至1996年累计推广8.6亿亩，4年全国区试结果亩增稻谷74.1公斤，累计增产稻谷637.36亿公斤，增收600多亿元。"汕优63"再生力特别强，实现了再生稻在我国农业生产上的突破，使再生稻在农业生产上大面积推广成为现实，仅1996年，"汕优63"再生稻就占全国再生稻总面积1100万亩的80%以上。培育出恢复系"明恢63"，全国以此配制的杂交水稻组合中，除"汕优63"外，推广面积10万亩以上的有17个，至今已累计推广1.94亿亩。继"汕优63"后，又培育出通过国家、省、市品种审定的系列杂交水稻新组合10个，至今累计推广8314.24万亩。其中"汕优78""威优77"分别被国家科委列为"八五"和"九五"重中之重推广项目，正在全国大面积推广。

由于谢院长在杂交水稻领域的突出贡献，曾多次荣获从全国到省、市各级政府授予的科技先进工作者、标兵、双文明标兵及优秀共产党员的称号。

我们说，那么多的标兵，那么美的称号，数"神农"最神。

仁智者的创新之路

——国际欧亚科学院院士、福州大学研究员王钦敏

王钦敏，男，汉族，1948年12月生，福建福清人，致公党党员。1977年8月，福州大学地质采矿工程系毕业留校任教。1985年9月在英国伦敦大学帝国理工学院获科学硕士和DIC，1989年12月获博士学位。1990年1月至1999年1月在日本地球科学综合研究所等机构任高级、主任研究员等职。1999年2月至2003年历任福州大学地球信息科学与技术研究所所长，研究员、福州大学副校长、"数字福建"专家委员会主任。2003年1月任福建省政协副主席。2003年8月至2008年5月兼任福建省科技厅厅长。第十、十一届全国政协常委，现任全国工商联主席、第十二届全国政协副主席。

王钦敏

仁者乐山，智者乐水

王钦敏出生于福清市龙田镇，父亲是当地著名牙医，医风敦厚，医术精湛，悬壶济世，乐善好施。父亲的医术、医德，潜移默化地熏陶着王钦敏。他从小反应敏捷，通达事理，再加上他刻苦学习，勤于思考，仁德沉静，从小学到中学，一直是品学兼优的"三好学生"，中考时，以第一名的成绩被福清一中高中部录取。这

113

在福建调研

时，他像海绵那样拼命汲取新知识，仁者的襟怀、智者的聪慧表露无余。

"文革"的浪潮，冲断了王钦敏的学业，却触发他的新思维追随"目标算不了什么，运动就是一切"格言。一是不浪费时间，读书就是享受。哥哥师大中文系毕业，大多数课本和相关读物，他有空就自学，还做了读书笔记。二是好运动，经常欣赏溪中海里的水，感到水能调好性情，那么，人就要像水一样不停地流转，融入自然界，吸收人文景观常识。他带着两个同乡学友，徒步"长征"走了北京、山西大寨、韶山等近十个具有特别意义的地方，锤炼身心，受益匪浅。

1969年，王钦敏来到福建省古田县一个仅有二十多人的自然村插队落户，被打上了农民烙印。远离城镇，似乎与世隔绝。他经历着春播、夏种、秋收、冬藏的艰苦岁月，耕田、挑担、砍柴、挖渠的苦累劳作。他不是消极对待，更没有虚度年华。他常看常想，水向低流，山立高处，群峰叠嶂，山峦逶迤，壮观奇伟，应该乐在其中！在五年环境中，他充分利用空闲和晚上的时间，读一切可以找得到的书籍。即使有人以为枯燥无味的厚厚的《资本论》，他一页页读完，并做了笔记。你有高远的理想和目标？他回答人家，只是执着于阅读的习惯和嗜好使然。刻苦学习和研究的精神，扎实、广泛、有效的阅读，为他今后的科学研究和行政管理奠定了坚实的知识文化基础。许多同仁在与他共事的过程中，都感到他高超的逻辑推理和综合分析的能力，踏实苦干、坚忍不拔和遇到困难不回头的品格，特别是他与人为善的宽阔胸襟，让人刻骨铭心。

王钦敏格外珍惜来之不易的读书机会，1977年，他毕业于福州大学矿冶系地质专业，留校当教师。次年，他带领毕业生野外实践，连续三个月，在伽玛射线的铀矿坑道中，在每天只允许工作两个小时的地方，坚持工作九个小时，成功预测一个潜伏着的大矿体，后得到钻探证实。

1984年，王钦敏从全球一百余名考试竞争者中脱颖而出，成为英国帝国理工学院许氏奖学金的第一获得者，开始了他在异域他乡求学奋斗的旅程。他虽仅三十六岁，每天学习不少于14个小时，没有娱乐，没有旅游，在苦行僧般的"修炼"中，"以爬的姿势实现了飞的速度"，十个月通过了全部课程，一年拿下了帝国理工科学硕士和DIC学位。赢得了英国学子的赞许，被称为"Hero（英雄）"！

1985年，王钦敏开始攻读帝国理工学院板块理论博士学位，研究方向由构造地质学转向板块理论，瞄准了欧亚板块与印度板块碰撞的造山运动与成油盆地的关系，为祖国的大西北油田开发服务。四年里，他历经千辛万苦，跑遍了祖国大西北的高原荒漠，收集了许多实地数据。几次经费不足，他就向亲戚借钱。从而他对青藏高原和塔里木等山后成油盆地构造的研究取得了可喜的成果，连续发表在国际权威学术期刊上的特约文章，以致许多国际著名学者向他索要原稿。

学有创见，行有创新。他在国外15年，大部分时间参与中国—英国、中国—日本，以及日本—美国和日本—中东等国多项科技合作项目的研究和组织工作。

1999年1月，王钦敏在日本科研等事业如日中天之时，却毅然决定举家回国工作。同行大为吃惊，百思不解。他却说："在国外再好，终究是为别人干活，祖国才是我的根。"

出国与回国，王钦敏走对了这紧要的两步，个人的命运同祖国的发展壮大始终牢牢地连接在一起。这举手投足间，既有远见卓识，又能创新实践，就会让历史划过的一条崭新的轨迹，人生乐章格外壮丽辉煌！

创新"数字福建"

王钦敏回国后，就想到要为福建做点事，感到只有创新思维，才会结出丰硕成果。美国副总统戈尔于1998年1月发表"数字地球"的讲演，他根据在国外第一波参与"数字地球"的经验，通过国内现状调研，反复思考，创新认识，提出建设省级信息化"顶层设计"和"系统工程"相结合的理念，向时任福建省省长的习近平同志提交了用"数字地球"模式建设"数字福建"的建议书。

一石激起千层浪。习近平同志敏锐地洞察到，这个建议对于在知识经济时代的福建发展，有着重大的现实意义和科学发展意义，立即指示有关部门着手实施，并亲自担任"数字福建"领导小组组长，常务副省长任办公室主任，王钦敏任副主任兼专家委员会主任。后来他回忆道："习省长睿智博通、高瞻远瞩，当即对我的建议书做出长篇批示，根本没想到建议会受到时任省长习近平的如此高度重视，更没想到习省长会亲自担任'数字福建'建设领导小组组长。福建在全国率先确立了省长亲自挂帅的信息化建设和管理体系，以及顶层设计指导下的系统工程模式。"

"数字福建"，一是带来了社会生产和生活等方式的革命；二是带来了政府管理方式的革命，是新世纪的一场意义深远的新文化运动。福建省从此驶上"以信息化带动工业化，以工业化促进信息化"的快车道，是习省长为福建省插上腾飞的翅膀。

第一年，习近平从财政拨付两亿元启动资金。王钦敏就邀请六位来自中科院、国家科技部、中国人民解放军总参谋部的院士、博导、博士后，先后来闽帮助"数字福建"的前期规划工作。实现"数字福建"工程的标准化设计与建设，集约式基础设施投入与共享，应用项目可升级与可持续，成本全国最低，可福建省信息化，目前走在全国前列。2004年，欧盟与科技部的"龙计划"在厦门召开专家论坛，王钦敏在会上做了"数字地球"和"数字福建"的主题演讲后，欧洲宇航局的一个高级官员评议说："想不到我们还在讨论概念阶段的事，你们已经实践四年了，而且干得这么好。"

2006年，王钦敏任福建省科技厅厅长在接受记者专访时曾这样形容"数字福建"："信息化涉及各级政府、各行各业、千家万户，信息化水平是当代衡量一个国家和地区的国际竞争力、现代化程度、综合国力和经济成长能力的重要标志。""信息化建设将成为未来发展的战略制高点。我省要选准跨越点和切入点，充分发挥信息化的后发优势，利用最新成果赶超先进。"在这样举重若轻的谈吐中，让我们看到一个科学家睿智、不断创新的大脑和高瞻远瞩的目光。

工业和信息化部于2012年到福建省调研"数字福建"建设后，在调研报告评价中总结道："数字福建战略实施十多年来，历届省委省政府坚定目标一任接着一任干，一年接着一年抓，不折腾、不懈怠、不动摇，长期坚持不懈地推进各个领域信息化建设，这是数字福建建设取得丰硕成果的重要基础和前提。"报告还评价说数字福建"在全国第一个建立了省级电子政务项目统筹规划、共建共享的模式，第一个建成了省市县三级电子政务网络体系，第一个建成了省级政务信息共享平台（实际上是最早的电子政务云平台），第一个完成了省级政务信息资源共享目录体系，第一个实现了省级医疗保险联网和医院联网，第一个建成了包括网络监控、密钥与身份认证、信息网络测评和灾难备份在内的省级信息和网络安全保障体系等。""数字福建"发展迅速，对福建经济社会发展带来的重大影响，并悄然地改变着我们每个人的生活方式。

鉴于"数字福建"前瞻性和示范性，2012年12月，工业和信息化部决定将"数字福建"建设提升为国家区域信息化科学发展的样板工程，以便在全国更好地探索区域信息化转型发展模式。

2013年2月，福建省委书记尤权强调，要进一步深化"数字福建"建设，一要注重规划，强化顶层设计，实现全省"一盘棋"；二要注重标准，实行统一标准、统一设计建设；三要注重应用，坚持利用为先；四要注重共享，提高效率和效益，大力推进政务和商务平台的资源共享。

新旧省领导与王钦敏真是"心有灵犀一点通"了，不仅说明他高瞻远瞩、倡导创新区域信息化建设模式建议非常正确，切实可行，成效卓著，而且相信将来的路子会越走越宽，影响与作用也将越来越大。

创新科技管理

王钦敏回国后的另一项主要工作，就是任福州大学副校长兼福建省空间信息工程研究中心主任等职，致力于国家级国土资源和海洋遥感监测领域的研究工作和研究生培养，以及中国—欧盟、中国—日本卫星遥感技术应用和环境变化监测等国际合作项目的组织和研究。他所创建的创新团队十余年来先后累计培养（包括在学）硕士、博士和博士后329名。此外，他还为"数字福建"建设工程培育了157名在职工程硕士研究生，工作量可想而知。他先后获国家科技进步二等奖两项，福建省科技进步一等奖两项，福建省科技进步二等奖两项，国家海洋局二等奖一项和中国侨联新侨成功创业人士称号。

显然，这是思维创新与创造性的劳动的成效。

2003年，王钦敏出任福建省科技厅厅长，实现了从科学家到科技管理者真正转变，曾经的"读万卷书，行万里路"，此时显然成竹在胸。

工钦敏的法宝还是坚持改革创新、理念创新、管理创新。

一、首次建立省科技重大专项。

2004年，王钦敏对我省科技计划管理进行改革，从科技服务经济发展着眼，首先着手创立省科技重大专项。至2007年，在电子信息、新材料、新能源、农业栽培技术和新药研发等领域开展25项科技重大专项68个专题技术攻关。

同时，王钦敏大胆创新科技管理模式，建立科技重大专项首席科学家、专题责任专家分级管理制度；推行科技项目评审专家实名打分登记建档制度；并在全国开创新例，设立科技重大专项专家监理制度，对重大专项/专题和监理专家进行动态管理；科研经费实施动态滚动支持和警告—淘汰制度，一步一个脚印地推进项目进展。这些开创先河的制度和做法得到科技部的认可。

实施成效明显之一：攻克一批关键共性技术，研发一批重大产品。

一是工业高新技术研究与开发加速发展。获国家级科技奖2项，省部级科技奖56项；实现产品销售收入58.5亿元，新增产值43.1亿元，新增利税4.7亿元，累计净利润8.2亿余元，创出口额10.2亿元；农用保水剂等示范推广面积1626.2万亩，获经济效益8.8亿元。

二是农业科技攻关和产业化成效显著。农业科技领域，获国家级科技奖4项，省部级科技奖44项；实现产品销售收入9.8亿元，新增产值11.1亿元，累计净利润1.2亿元，创出口额5600万元；推广杂交水稻、叶菜用甘薯、马铃薯、菜用大豆等累计6192.4万亩，获经济效益97.9亿元。

三是社会发展领域药物研发重点突破。我省在病毒性疾病新药、食品安全、现代分析仪器及检测方法研究等方面取得多项突破，催生了多项具有高度自主知识产权的创新成果。如激光动力鼻咽癌内镜定位仪开发了微弱图像光电转换系统和两光路共轴系统，填补了国际空白。社会发展领域获国家级科技奖1项，省部级科技奖7项；新增产值6.7亿元，创出口额700万元。

实施成效明显之二：培养造就一批科技领军人才和创新团队。

据初步统计，福建省科技重大专项的实施共培养博士研究生330人，晋升中高级以上职称585人；新增"新世纪百千万人才工程" 26人、长江或闽江学者8人；享受国务院或省政府津贴专家39人，获其他荣誉称号80人。

通过功能纳米材料与器件开发及应用专项的实施，形成了厦门大学、福州大学、福建师范大学、华侨大学、化肥催化剂国家工程研究中心、中国科学院福建物质结构研究所和金威服装（福建）有限公司等单位研发人员构成的纳米科技研究和开发的人才队伍。

二、首次提出并启动建设省科技创新平台。

从2005年到2007年底，王钦敏安排省级科技经费重点建设了3个国家级重点实验室、31个省级重点实验室、4个国家级工程技术研究中心、13个省级工程技术研究中心，建成大型仪器设备协作共用网、省生物安全三级实验室、农业种质资源库和武夷山自然资源库、科技企业孵化器、生产力促进中心等科技服务机构，已初步形成了比较系统的科技创新平台体系。

平台成果明显。如依托福建省杂交水稻育种工程技术研究中心的"超级稻再生高产特性与栽培技术研究"，获2005年福建省科技进步一等奖，"晚杂优新组合特优175选育研究"成果，获2006年福建省科技进步一等奖。

三、开展省政府与科技部合作会商制度。

王钦敏组织策划建立省部会商制度，积极争取国家支持，省长和科技部长签署《科学技术部、福建省人民政府工作会商制度议定书》，正式建立了省部会商制度。科技部首次参与举办第五届"中国·福建项目成果交易会"和首届"海西科技论坛"，组织国家各类科技计划项目54个，并安排驻外使领馆科技参赞推介43个国外科技项目参展，进一步提升了海峡西岸和"6·18"的品牌效应。当年支持经费达2亿元，第二年资助经费4.4亿元，比2002年的5500多万元增长了700%。在科技部的指导和支持下，全省上下推动自主创新、建设创新型省份的热潮蓬勃兴起，科技在服务海峡西岸经济区建设中引领支撑的地位和作用显著提升。

平时，王钦敏遇事谋事常有如山那样稳重，有如流水那样灵活的工作方法，有孺子牛那样的工作精神。承诺下的事他总是全身心投入，认真勤劳，力争做好。用他的话说：诀窍是"四不一没有"——不放假、不打牌、不唱卡拉OK、不浪费时间；没有时间锻炼身体。

王钦敏的模范作用，带领福建省科技厅在全省政府机关，树立起了科技管理部门创新、务实、高效、廉洁的新形象。

王钦敏不无诙谐地说："满头白发说明我更要抓紧时间工作"。是啊，他虽年已过花甲，工作岗位频繁变动，除了做好本职工作，依然心装"科教兴国"，脑记科技信息，眼看科技

考察福建华侨农场

晴雨表，手写科技论文，脚踏科技园区，口传科技创新，仍旧固守"每天每时干活"的人生信条，无论何时何地，都始终如一，夜以继日，脚踏实地地辛勤耕耘。

2013年，王钦敏当选为全国政协副主席，从政生涯踏上了一个新的台阶。面对记者的镜头，他脸面红润，神采奕奕，对祖国和人民的忠诚，对事业的热爱，对科学的追求，对人格的执着，都概括在"智者乐水，仁者乐山"的格言上。他表示，要在人生旅途中留下了一步又一步坚实的脚印，为祖国做一个又一个实实在在的奉献。

信仰与大地的交响
——记福建农林大学校长郑金贵

在山清水秀的海峡西岸，有一块以蛇为图腾的蛮荒之地，创作出了一个民族奋发精神的歌，唱响神州大地：爱拼才会赢……

大地之恋

云深不知处，山野有人家。新中国诞生的那一年，郑金贵出生于闽南重镇永春，一个群山环抱之中的东里村。"像金子一样贵重——金贵"，父辈寄托着深深期望。可它的贫瘠落后，让幼小的郑金贵如痴如醉地跋涉在知识的王国里，有一个

爱拼才会赢的信念——学好农业知识，为家乡出力。高中毕业回村，郑金贵就积极设法引进试种新品种，翻遍了仅有的各种报刊、资料、宣传稿、小册子，只要与农业有关……看到有用，他就写信去要，随信附上详细地址并贴足了邮资的信封。

功夫不负有心人。郑金贵陆续收到回寄的种子了。他抖擞精神，浸种、换水、催芽、插秧、施肥、除草、喷药……两年的努力，用矮秆水稻代替高秆水稻大获成功。

"这年轻人还真行！"第二年，村里出资，郑金贵联系良种。一批批大小麦、蔬菜等良种，陆陆续续地种进了地里。村里人见了丰收，慷慨激昂说："咱村出了个种子迷！"1971年，郑金贵上了《福建日报》。

1975年，郑金贵大学毕业，主动要求到福建农业科学院稻麦所工作，边搞科研边学英语，考上了"文革"后的第一届研究生，实践着"挽将天上银河水，散作甘霖润九州"的誓言，在农业科学的王国里奋力翱翔。他不管是当了处级干部，还是当了厅级干部，直到担任福建省农林大学校长，都时时处处依恋广袤的土地，为了农民的增收，为了农村的小康，不断地播种希望，绞尽脑汁地叫大地献宝。

1992年，时任省农科院副院长的郑金贵率队到南平夏道镇搞社教，把自己看成是戴着科技冠的农民。他与队员们一起吃住，一起工作，一起参加劳动，与农民朝夕相处。他在农技站进行技术指导，还下田插秧，挥镰收割；他在畜牧场，冒雨带领社教队员种草，与群众顶着烈日上山种茶，他与农技员、农民们一道治虫。当地群众亲切地称他为"泥腿子院长"，事迹登上《闽北报》。

认识郑金贵的人，都说他不是官，像一位质朴的"修地球农民"。

郑金贵长期耕耘于农学和作物品质遗传育种研究的田野里，2006年前，先后获国家科技进步奖，部、省级科技进步奖，社会科学奖5项，主编科技专著5本，在国内外发表论文105篇。郑金贵是大山里走出的科学家，与农民的血脉相连。他是时代的探索者，是不断攀登的采药者，也是爱拼会赢的弄潮儿。

信仰之灵

"我这辈子只有共产党人的信仰，只想做一件事，就是获取知识并转化成生产力，献给生我养我的大地。"郑金贵是福建省优秀共产党员，2005年初春的一个上午，他为省科技厅系统共产党员作报告，讲了这番话。

会后，我们采访了郑金贵。他告诉我们，有人说，只要使我国现有的科技成果的1%真正实现产业化，我们的国力就有可能是现在的100倍。作为一位农业科技战线上的前锋，不仅要有马克思的信仰观念，更要在科研方面上下功夫见成效。

郑金贵经常思考："农业科研人员应该正确认识国情、农情，应该向农民奉献像样的科研成果。"他如饥似渴地认真通读了《邓小平文选》一、二、三卷，农业问题的篇目进行了多次精读，摘抄要点，做成了一千多张卡片存放。他历时四年，四易其稿，编辑出了《邓小平论农业农村农民问题》的小册子，又将有关论述摘录成十个观点。这本小册子一面世，就受到省内外农业界科技界的热烈欢迎。《新华社兴农信息》杂志分五期连载，中央组织部的《组工通讯》专期刊载，成为全国仅4位的理论学习成果交流典型。

几年来，郑金贵还撰写了二十多篇理论学习文章，分别在省级或国家级刊物上发表，其中《认真学习邓小平的农业思想》一文还被收入中央党校出版社出版的《邓小平理论研究文库》。

这是信仰的灵性结果。

郑金贵的信仰灵性还表现在善于在调研中发现问题，落实科技兴农的措施。

1986年，郑金贵带领省直机关扶贫工作队，进驻安溪县扶贫，帮助安溪县建起人工杜洛克种猪配种站，组织技术人员编写饲养技术资料，使养殖户一看就懂，一学就会。很快，安溪县80％左右的农民养上了杜本杂交猪。经过示范推广，几年来，安溪县的农民增收2.8亿元，节省饲料2.5亿千克。

在武夷山下的一县、村，郑金贵从福建省农科院请来了两批专家：两名茶叶专家，调出优良茶苗五万多株，改造荒废茶山，恢复了茶山生机；两名养兔专家，举办养兔技术培训班，引进了新西兰良种兔、优良杂交狼尾草以及冬季黑麦草等，使养兔成风，许多村民增收。

郑金贵平时注意做到四点：一、善思考；二、勤动手；三、重点学；四、当先锋。他把信仰与推进科学知识的结晶紧密结合，给众人树立榜样。

郑金贵较早想到了谷秆两用稻选育及其秸秆高效利用技术，但没人搞过，没有经验可借鉴。最初，如同陷入了迷宫，"千岩万转路不定，迷花倚石忽已暝"，他选择前进。经过三年六季的选种育种，获得了一万多个统计数据，可结果却依然如《蒹葭》诗中可望而不可及的"伊人"，始终不肯撩开神秘的面纱。面对数据，有人动摇了，郑金贵带领着课题组咬牙坚持下来了。又经过几年的试验，他已逐渐摸索出"同步双重筛选法"，终于"柳暗花明又一村"了。其中，不知克服多少困难，如为了弄清稻草营养成分的变化规律，研究材料就有一千三百多份，获得了两万多个数据。每片叶子分开测定的化验单，联结起来长达二十多米。

一分耕耘，一分收获。1993年，郑金贵的论文《Studies on the Dualpurpose Rice

of Grain and Straw》在由联合国粮农组织与中国农业部召开的"利用地方资源发展畜牧业国际研讨会"上宣读，受到了各国专家的重视。迄今为止，闽、湘、浙等地区已应用谷秆两用稻草236.7万吨，增收12.17亿元。

1994年，郑金贵通过无数次的种植、检测、对比，一次又一次的育种实验，最后他成功从台湾引进的水稻种质资源中筛选出"洲8203"为亲本，与高产水稻IR36杂交选育出"谷秆两用稻"。中国农科院水稻研究所等6个单位、11名专家组成的省级专家鉴定组对该成果作出了高度的评价。

目前，谷秆两用稻已推广了百万亩以上，其谷秆用于栽培食用菌和饲养动物，为农民增收5.16亿元。2002年，该成果获得了福建省科技进步一等奖，2006年度国家技术发明奖二等奖。

你看！信仰坚定，谁能像郑金贵那样辛勤耕耘，让灵性转化出那么多的长篇科技巨著而每每面世：

《台湾现代农业科技》，厦门大学出版社出版，120万字；

《福建冬季农业开发》，福建科技出版社出版，40万字；

《中国特种稻》，上海科技出版社出版，45万字；

《水稻秸秆品质化学与遗传改良》，厦门大学出版社出版，70万字；

《农产品品质学》，厦门大学出版社出版，138万字；……

疾风知劲草，风正一帆悬。坚定的信仰，广博的知识，郑金贵像不倦的春蚕，在广袤的大地上倾吐出筑建党和人民事业大厦的无数的忠诚丝线。

几十年的奋斗不已，郑金贵宛如丰满健壮的稻秆，深受农民喜爱。这是对大地依恋的结果，也是回报大地的厚礼，更是信仰叩响大地的灵响。

交响之声

郑金贵常说，我是为脚下的这片土地而生的，让信仰与大地的交响更为铿锵。

然而作为一名肩挑行政、科研两副重担的领导干部，一方面是繁忙的行政事务，另一方面是繁重的科研，如何做到"两促进、两不误"?郑金贵在为省科技厅保持共产党员先进性做报告时，展示了一张数字表格：

$5 \times 8 = 40$

$40 \times 25\% = 10$

7×3=21

2×8=16

80-15=65

"时间挤挤就有了，每周5天8小时工作日，我就有40小时搞行政抓管理管教学。每天拿出四分之一时间搞科研，一周就有10小时；每晚抽出3小时，一周7天就有21小时；加上双休日，每天8小时，这样一周我就有47个小时能搞科研。此外，寒暑假约有80天，开会、招生等大约需15天，我又有65天可以搞科研。"郑金贵笑道，"所以招研究生时，我都事先说明，我只能在8小时之外教他们了。"

郑金贵用行动实践了鲁迅先生说过的话："时间就像海绵里的水一样，只要你愿意挤，总还是有的。"

榕城的夏夜，郑金贵的办公室灯光，连续三个晚上闪亮到下半夜。《冬季农业开与推广》与许多科研专著一样，就是这样"挤"写出来的。

"再忙也不能落下科研！"《冬季农业开发与推广》是多个科研项目的成果。郑金贵任农科院的领导，多次带着科研人员和课题，"背着种子下乡"。白天走乡串户，晚上还得继续他的科研。郑金贵和他的课题组在发展传统的小麦、油菜、紫云英等作物的同时，系统地研究出了能够适应冬季农业开发的7种作物类型的133种作物，并对其中78种作物的生物学特性和配套栽培技术作了系统研究，总结出20个冬季农业优高典型，还有冬季作物的寒害防御、营养与施肥、调节剂应用，各种冬季农产品的贮藏保鲜与加工技术等。该成果在南方十一省区推广，取得明显的经济效益、社会效益和生态效益，获国家科技进步奖三等奖。

在追求信仰中，郑金贵做出许多掷地有声的佳绩来。

福建农林大学有个著名的"台湾名特优植物园"，那是郑金贵倡导做出来的。这里汇集了来自台湾地区各县市各类名特优植物、名特优农作物，以及两岸农业专家合作研发的各类农业良种，是目前海峡西岸规模最大的两岸农作物良种合作研发及展示基地，是两岸农业"硅谷"。

郑金贵全面深入研究台湾的高等教育和现代农业科技，先后编著出版了《台湾现代农业科技》《农产品品质学》《台湾果树》《台湾高等教育》等系列专著，还有主编出版的《台湾现代农业科技》和《台湾农业生物科技》，是迄今为止大陆最全面介绍台湾现代农业科技的专著。他还带领科研团队，引进台湾优异种质资源1850份，并从中筛选出68个良种进行推广。

在郑金贵的推动下，学校还引进8647种2.05万册台湾原版图书、32个专业的相关教材、5个可以在线查阅台湾文献的数据库，建立了大陆农业高校最大的"台湾文献馆"。

福建农林大学共与台湾91所高校和科研机构进行了交流与合作。2008年11月，农业部"海峡两岸农业技术合作中心"在福建农林大学揭牌成立，郑金贵被确定为首席科学家。

目前，福建农林大学博士学位授权点、博士后科研流动站、硕士学位授权点，数量上居全国农林院校前列，新增数量居全国农林高校第一，技术创新贡献力位居我省省属高校第一位！

"宝剑锋从磨砺出，梅花香自苦寒来。"郑金贵出任福建农林大学校长十年多，不管是科研，还是教书治校，有亮点、有创新，有色有声。

信仰在胸：与农科交臂，与大地交响；爱拼才会赢，铿锵又嘹亮。这是智者的选择。

智慧的火花
——记洪茂椿院士

智慧同智慧相碰，就迸溅出无数的火花。（马克思）

——题记

洪茂椿，男，1953年9月出生于福建莆田县，博士，研究员，博士生导师，中科院福建物质结构研究所所长、国家自然科学基金纳米重大研究计划专家组成员。

一

洪茂椿曾是个"放牛娃"。

1966年，洪茂椿小学毕业,这几年中，因帮忙家里干活，一个星期只上两三天的学，夜里不得不挑灯自学，这样"半工半读'，却

考上市里的重点中学，村里人惊讶，家里人自豪。可"文化大革命"一声炮响，他只好将录取通知书锁进抽屉。

洪茂椿辍学在家，成了"值日牛倌"。他专挑水源充足、青草茂盛的地方放牛，有一块水草茂密而鲜嫩的洼地，满眼绿茵,成了"放牛根据地"。"放牛娃"又兼搞副业—捉山蟑螂、刨蚯蚓，做成中药材，颇为值钱，又经常能解家里燃眉之急，其乐无穷。

洪茂椿也干农活，一年下来，庄稼活的"十八般武艺"，样样拿得起。

1969年春，洪茂椿上初中，两年后又上高中。他天生好学，即使"三天打

鱼，两天晒网"，临考突击，结果每门功课全班第一，是所有科任老师心目中的"宠儿"。

课余时间，洪茂椿喜欢看课外书——大多是些科普书刊，茂椿成了同学们"问不倒"的小先生。

高中毕业，洪茂椿只能是"回乡知青"，"修地球"。村里有文化的年轻人不多，洪茂椿很快就被推选为村团支部书记和农业技术员、农技组组长，就有了用武之地。

庄稼无肥不丰收，可农家肥很有限，化肥贵得买不起。用什么能替代化肥？洪茂椿苦思冥想，终于想到母亲在六十年代初的三年经济困难时，做"龙眼核饼"和"香蕉头饼"充饥的往事。高中的化学知识也让他计上心来了—做化肥饼？他想起了"放牛根据地"那一片洼地，土层黑、厚，那是长期以来枯黄的落叶、水草和牛粪尿，时常不断溶入洼地，在积水中混合、发酵，渐渐地就变成了腐殖酸，那可是难得的绿肥。他把惊喜很快变成求证的行动，到洼地一看，激动不已！茂密水草下的黑土地，积淀的腐殖酸土至少有几千吨，天然的化肥矿啊！他挖一团黑土就带回家。

洪茂椿买来实验器皿、试剂和化肥样品，在家里悄悄做起化验，发现黑土的腐殖酸含量高达60%，可作为农作物追肥，他喜上眉梢。

洪茂椿组织农技员用化肥饼进行早稻的小田试验，结果每亩增产二至三成。

洪茂椿提出用腐殖酸做成的化肥饼替代化肥的建议，得到党支部书记同意并推广。挑肥的队伍穿梭在通往"放牛根据地"的山间小路上。那一年，大队的晚季稻获得了高产，乡亲们欢欣若狂，既感激又佩服洪茂椿，推荐他作为一个工农兵大学生上大学，走进了福州大学的校门。

少年时代洪茂椿的艰辛路，说明他不仅智商高，天资聪明，而且能接合现实，对事物能迅速、灵活、正确地理解，并有解决问题的特有能力。这样，闪亮的智慧火花，就碰撞出耀眼的硕果。

二

上了大学，洪茂椿十分珍惜时机，始终如饥似渴地读书、研究，不断汲取知识，升华智慧。

1977年，重新恢复研究生考试，洪茂椿兴奋不已，他要报考卢嘉锡教授的研究生。这不是一件轻而易举的事，只能把强烈的欲望变成复习和自修12门课程的动力，没命地"啃"。他把握住了机遇，如愿以偿地进了心仪已久的中国科学院福建物质结构研究所，成为卢嘉锡教授最年轻的"弟子"。

1978年是"科学的春天"，洪茂椿常被著名科学家卢嘉锡教授为代表的老一辈科学家不知疲倦地工作的满腔赤诚感动，从中领悟到"在攀登科学的道路上，必须具备奉献牺牲和吃苦耐劳的精神"。他总以他们为榜样，鞭策自己，废寝忘食研读不止，不仅接受了许多专业知识，更重要的是激发了对结构化学的浓厚兴趣，对结构化学科研的无比热爱。他很快掌握了从事基础研究方面的综合知识，思想又活跃，动手能力也强，深受导师的赏识。

1981年，洪茂椿，成为我国恢复研究生教育以来培养的第一批硕士，留在福建物构所工作，主要从事固氮酶化学模拟的谱学研究，并参与卢嘉锡教授主持的有关过渡金属原子簇化学的重大科研项目。

智慧是通往人生幸福快乐的心灵之路，洪茂椿的毕业论文优异，又撰写书稿一章，编入英文版学术专著《过渡金属簇合物的新进展》，算是献给恩师的智慧大礼。

1985年底，在卢嘉锡教授（时任中国科学院院长）的直接支持和安排下，洪茂椿获得公派出国的机会，赴美国进修两年。

读研的两年中，洪茂椿牢记恩师嘱托，努力学习、工作，在外国导师的指导下，学到了许多新的知识和实验技术。他常琢磨：获得1996年的诺贝尔化学奖的碳60能给团簇研究提供什么样的借鉴？发现碳60成其为"大"，在于它形成了特定的空心结构。如此反复思考，脑海闪出了火花——"模拟碳60架构可把金属簇合物做大"！洪茂椿选择团簇这门新兴的交叉学科，赴美国进修激发灵感，自己都惊讶，这是智慧翻滚、聚集出的灵感，也给他信心：簇合物一旦形成"空心"结构，加上"金属配位化合物"这个组成单元上的优势，"小鱼丸"没准就变成了"福州的大鱼丸"。几经实践，他终于获得了在当时堪称"金属团簇之王"的高聚物。

1987年间，《德国应用化学》上发表了洪茂椿的研究成果，是福建物构所有史以来在国际核心刊物发表的第一篇高端论文，虽是第二作者，却是创新团簇研究成果，超乎了卢嘉锡先生的期望。

他下决心研究团簇，并不断做大，还有向纳米进军。"万事开头难"哪！他从3万元启动，又是单兵作战，急需的进口设备却买不起，只能自己设计和组装，而且也无力购买进口原料……他克服无数困难，一直到获得国家青年科学基金厚资助，研究工作也就渐有起色。

1994年他评上研究员，有了助手后，一方面承担了结构化学国家重点实验室的建设任务，另一方面全身心地投入课题研究。科研困难依然如故，为了收集晶体的大小、强度等几万个数据，这在国外只需几个小时，而他们当时使用的是单晶衍射仪，需要24小时值班，甚至整个星期都在实验室里度过，累死累活才搞出。努力奋斗的精神再加"点土成金"的智慧，在科学生涯中不断升华。当"纳米科技"研究初现端倪，他就提出了在笼、管、线三种构型上开展纳米团簇研究的实验方案，并积极发展自己的团队，多方获得大经费投入，组织全面攻关和冲刺。

科研没有坦途，只有不断探索，百折不回，才能攀到顶峰。

一名女弟子经过反复试验，终于合成出首例纳米尺寸的笼状金属簇合物，也培养出单晶，可她花了一年多的心血，怎么也检测不出其空间原子的排布位置，她哭了。

洪茂椿一边安慰，一边琢磨个大概，决心彻底弄个明白。他带上晶体，来到香港理工大学。谢绝任何活动，扎在实验室一个月，进行六七次的反复检测，得出了两个关键数据，终于"柳暗花明又一村"，纳米王国的大门打开了。1999年底，课题组研制出了世界上最大的纳米笼，也是当时国际上已测定单晶结构的金属纳米笼对称性最高的一个。

洪茂椿和他的弟子成功地研制出了无机–有机纳米管，并串成了首例结构有序的金属–有机纳米管阵列，制备出了各种金属纳米线，也研制出了具有半导体性能的新型系列高聚物。接踵而来的成果，让他们感到集体智慧的力量。洪茂椿这位立足本领域的"推进者"，一位团簇化学领域的纳米科学家，心里也就感到十分厚实。

洪茂椿院士在学术研究取得显著成绩：在国际刊物上发表了三百多篇研究论

文,其中国际一流刊物论文近两百篇，发表的论文被他人引用近五千次。他作为首席科学家提出和组织实施了国家重大研究计划"功能导向晶态材料结构设计和可控制备"，国家重大项目"高功率激光器及其晶体材料研究"，国家纳米重大研究计划"化石资源转化中新型高效纳米催化材料与结构研究"、国家863重大专项"新材料与器件"和国家科技攻关项目"光功能纳米陶瓷材料"研究，取得了许多国际领先的研究成果。

三

洪茂椿一直坚信："科技工作一定要产学研结合，一定要促进科技成果向现实生产力转化，科研力量要融入到区域经济的发展中，为区域经济作贡献。"他着力抓住：

——理念创新引领成果转化和产业化的发展。2000年，洪茂椿带领福建物构所新领导班子，彻底打破"基础类"研究所只能搞基础研究的传统价值观，把"成果转化及产业化"直接纳入研究所创新发展的范畴，明确提出研究所的发展定位包括基础研究、高技术创新和工程产业化。经探索与实践，有效地推动和促进研究所十多项科技成果转移转化，并成功地实现产业化。2010年，时任中科院院长路甬祥看了认为，福建物构所构建了"知识创新–技术创新–工程产业化"三者互动的"金三角"科技创新体系，探索出了一条合作共赢的创新之路。

——瞄准国家需求推动成果转化和产业化。洪茂椿审时度势，以科技战略家的眼光做出了日后被事实验证是具有前瞻性的判断：煤制乙二醇比传统的石油路线制备乙二醇在能耗、水耗以及原材料成本上均比要低得多，在中国石油短缺而煤炭资源相对丰富的国家里，市场潜力巨大。他重组了原来的攻关组，与江苏丹化集团、上海金煤化工技术有限公司联手合作，成功开发了"万吨级CO气相催化合成草酸酯和草酸酯催化加氢合成乙二醇"成套技术。这是一项拥有完全自主知识产权的世界首创技术，并在内蒙古通辽市建成了全球首套年产20万吨煤制乙二醇工业示范应用。实践证明，该技术的推广应用，有效缓解我国乙二醇产品供需矛盾，具有突出的技术创新性和显著的社会经济效益。

——创新转化模式催生高新技术企业。他根据成果的性质、自主创新能力和资金实力等因素，选择不同的成果转化途径和模式，形成了具有鲜明特色的成果转移转化模式。如"福晶""煤制乙二醇"和"技术公司"等模式，培植并做大做强

10余家高新技术企业。福晶公司是福建物构所控股的高新技术企业，洪茂椿不遗余力地推进福晶公司改制，千方百计地加强福建物构所与公司的合作，终于促成"自主知识产权＋人才＋共建研发平台"成果转移转化模式的典范。福晶是目前世界上领先的激光、非线性光学晶体与器件的生产商，产品80%以上出口美、日、德等发达国家，2010年资产达6.6亿元，于2008年3月在深圳成功上市。

有人说，智慧总是与豁达博大的襟怀相随，智慧总是与积极的心态为友，智慧总是与乐观向上的人们同行。我说洪茂椿从放牛娃到中科院院士的精彩历程证明了这一点。他不仅是一名科技战线的开拓者，更是一位"双肩挑"的专家型领导，他的成就是智慧碰撞的火花，是集体智慧的结晶。他担任福建物构所所长以来，大刀阔斧地进行学科布局调整和科研管理体制机制改革，该所综合竞争能力和可持续发展能力显著提升。他积极探索构筑了"知识创新—技术创新—工程产业化"三者互动的"金三角"科技创新机制，取得明显的经济效益和社会效益。他积极创造条件培养和引进青年科技人才。10年来共引进46名杰出留学人员回所工作，其中有23人被聘为"百人计划"，9人获得"国家杰出青年基金"支持，7人入选"国家百千万人才工程"；在发表论文方面，全所SCI收录论文数连续6年、SCI被引用论文数连续5年名列全国科研机构前十位，在化学领域居全国第3位；承担了大量国家"973""863"、国家基金以及军工等科研项目，为我国的国防安全作出了突出的贡献。2008年福建物构所被中科院评为A类优秀研究所。2009年全国人大副委员长、中科院党组书记、院长路甬祥在视察福建物构所时用"相隔八年，变化巨大"八个字，充分肯定以洪茂椿为班长福建物构所的骄人业绩。

梦想的力量

——中国工程院院士付贤智

付贤智，男，1957年7月生于福建邵武。1978至1991年在北京大学化学系物理化学专业学习，获学士、硕士和博士学位，1993年赴美国威斯康星—麦迪逊大学从事博士后研究。1997年作为"闽江学者特聘教授"引进到福州大学工作。2009年中国工程院院士。现任福州大学校长、化学化工学院教授、博士生导师。

说到付贤智，就想到居里夫人，他们都是"梦想家"，同是做化学研究。付贤智实现了许多个梦想，还在追逐居里夫人那样的梦想。

付贤智的父亲一生育才，还把强国梦想寄托子女。"少壮不努力，老大徒伤悲。"贤智幼小的心里早已铭记，从小就是一位品学兼优的好学生。1974年他高中毕业后，下乡插队。他说，两年多的知青生涯，不仅使我真正知道了农村和农业的落后、艰辛，认识了农民的勤劳善良，也明确了自己这一代人肩上的责任。也就是在那个时候，我立下了要为改善广大农民的生产和生活条件、为改变家乡和祖国的落后面貌奉献出自己的终生志向，养成了实现这个志向所需要的吃苦耐劳的精神和坚韧不拔的性格。

133

付贤智在1978年的全国高考时以总分全系第一名优异成绩考入北京大学化学系,当上了班长。振兴中华的梦想一直萦绕脑际,就如饥似渴地遨游在知识的海洋里。大衣、书包和饭兜成了三件宝,教室、图书馆和实验室成了每天必去的地方,节假日也不例外。他孜孜不倦求知求学的精神,得到好评,多次被评为三好学生和优秀学生干部。

付贤智深知,梦想要有,要常记,还要脚踏实地地去努力奋斗。他早已每每怀着攻克某一科技成果的梦想,仅在北京燕山石化研究院工作三年中,主持研究石油加氢脱硫催化剂,科研成果先后获得了国家教委科技进步三等奖、中国石化总公司科技进步二等奖和国家科技进步三等奖,显示了极强的科研工作能力。

付贤智于1993年赴美国威斯康星——麦迪逊大学做博士后研究,以探本求源,开阔眼界,更好地追逐梦想,报效祖国,其学习成绩显著,博得老师同行一致赞赏。

在美国4年,付贤智学会了在学科前沿开展科研的方法,很快就研制出性能优异的系列光催化剂,开发了热催化——光催化耦合的先进氧化技术,并曾多次被应用于美国的太空科学实验和废弃的核基地土壤的净化实验。他还成功地研制出美国第一代光催化室内空气净化器,获得了两项专利,还获得了美国化学工程师协会年会的杰出论文奖。

梦想是人类最天真最无邪最美丽最可爱的愿望。祖国最可爱最美丽。梦想在祖国实现,意义深远。付贤智常常这么想。1997年,他舍弃美国舒适的生活环境和先进的科研设备,婉拒绿卡,谢绝挽留,决定回国。他的妻子说:"贤智是个民族感情特重的人,在国外学习期间,他总念叨着,学成后要回国办个实验室。"

1997年5月的一天,付贤智在上海虹桥机场,握住福大副校长魏可镁院士的手,到家的快乐涌上心头。

付贤智借了间二十多平米的实验室,说干就干。就带上一个硕士生共四个年轻人,还有同为科研人员的妻子,走上追梦的创业之路。

铸就科研高地。付贤智深有感触:"没有掌握核心技术的国家,是很难实现可持续发展的。我们要抓住机遇,就必须依靠自主创新,转变经济发展方式,使我们国家由制造大国向创新大国迈进。"他看到,日本、美国、加拿大等国家光催化技术近年来的迅速发展,并已初步形成一个新的高技术产业,而我国在这一领域才刚刚起步,产业化几乎空白。他心潮澎湃,使命感和责任感油然而生,就以敏

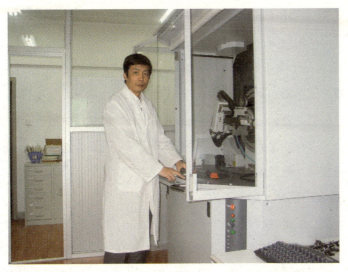

锐的洞察力,紧跟学科前沿,主攻方向确定为光催化基础理论研究和应用技术开发以及产业化。这时的付贤智,从旅美留学期间研制的第一台光催化空气净化器开始,就立志要创新出属于中国自己的光催化产品。

组织强大团队。付贤智先后引进留学法国、美国博士,从香港、中科院等全国各地调来"各路神仙"。他们都是从事无机材料、分子筛、半导体纳米材料研究并与光催化研究紧密相连的优秀人才。以他们作为骨干,成立福大光催化研究团队。他又制定了在应用领域首先取得突破的多套攻关方案和实验方法,带领这个科研团队,以理论和技术上的创新,来实现跨越式的发展。回国以来,他已培养六十多名硕士和博士,许多成了他的团队成员。现有,他的团队,围绕光催化等许多个领域,直属的就有几百人,联合的难以计数。"积力之所举,则无不胜也;众智之所为,则无不成也。"这支技术全面、创新劲头足、战斗力也很强队伍,在关键时刻,显示出了巨大的威力与作用。抗击"非典"时期,接到国家有关部门调拨五千余个光催化抗菌口罩的任务, 三天之内就圆满完成。

研究应用相成。付贤智认为,中国的科技成果之所以未能很好地转化为先进生产力,很重要的一个原因就是科研与应用脱节、科研与国家和社会需求脱节。因此,他不仅抓基础科研,更是把目光移到了新产品和新技术的开发市场上。他心里清楚,科研成果必须应用,才能开花结果。他说,光催化技术是一门跟老百姓紧密联系的高新技术,要让"光催化走入千家万户",就得选定若干产品,让一定波长的光照射在光催化剂上,使得受污染的和空气中有害有毒的甲醛、苯等有机物迅速氧化分解为无毒无味的二氧化碳和水等物质,从而彻底清除污染。具有国际领先水平的多功能光催化空气净化器、自洁灭菌陶瓷、自洁抗雾玻璃等光催化产品,都是他的团队成功研制出的,都是研究为了应用、应用推进研究、研究作手段、应用达目的实施的结果。可是，这支队伍的领头人——付贤智，却保持一贯的低调和谨慎，"成就都是一步步干出来的"。

肯干获得支持。付贤智是个实干家，没有节假日，没有上下班之分，有难题一起做，有问题一起克服。做实验，下车间，一夜一夜地熬，一个项目一个项目地做。他却经常为检验一个数据，验证一个结果，一呆就是几天。饿了，就泡上一碗快熟面充饥，困了，披上大衣在沙发上躺一躺；病了，咬着牙挺一挺，就是顾不上回家"充电"，妻子连连埋怨。他虽虚心接受，却"屡教不改"。

付贤智和他的团队的实干精神，感动了许多领导，都给予大力支持。付贤智回国不到一年，原国家计委、福建省和福大领导都大力支持，科研经费达3060万元。福大先后也投入500多万元，并将学校逸夫楼科教馆全部用于建设光催化技术工程研究中心，拥有了一座3500平方米的研究开发楼，具有价值近2200万元的先进专用仪器设备，一座1500平方米的工程化中试研究楼，里面光催化装置和设备难以计数，也无法论价。

靠企业创成果。付贤智是一个科研组织者，又是一个营销员，尽力寻找一些有生产能力的企业，极力向他们推荐产品开发市场的前景，洽谈合作事项。

留美四年，付贤智对美国的科研课题70%来自企业，科研成果有着很好的直接应用前景，又有很高的转化率，留下深刻的印象。

回国后，为了早日开发出光催化环保高新技术产品，为国家的富强和人民的幸福服务，付贤智和他的科研团队，不断缩短研究和与企业结合的时间和渠道。2000年，他们与万利达集团联合组建了漳州万利达光催化科技有限公司，致力于光催化环保产品开发、生产。不到一年的时间里，成功地实现了具有国际领先水平的多功能光催化空气净化器专利成果，并产业化，首批产品推向市场，以其高效分解有机和无机污染物、杀毒灭菌的功能，解决了困扰人们多年的室内空气净化难题，深受消费者欢迎，经济效益和社会效益良好，并出口美国、俄国、欧盟、东南亚等国家和地区。产品于2002年被国家经贸委列为"国家重点新产品"，获得福建省优秀新产品称号。

光催化所还不断拓展光催化技术的应用研究范围和领域，与省内外有关企业包括军事科研单位，进行中央空调的净化系统等多领域、多行业的合作。他们通过自己的实践，使许多人明白，大学要为经济建设服务，按照社会需要办教育、搞科研，企业要依靠科技进步求发展，大学和企业共同产、学、研相结合，才能协力促

福·建·科·学·家

进海峡西岸经济区和谐发展，道路也越走越宽广。

愿给予多贡献。付贤智常常记住这句话，融化在追梦的行动中。如科研成果奖金的分配，学校早有按贡献大小分配的制度。"王丹萍奖"等奖项的奖金，主要贡献者与其他参与人员按7∶3的比例分配。他却倒了个个儿，自己只拿30%，让其他同事拿70%。2004年9月9日，省委省政府奖给他豪华型凌帅轿车，他还是想把车留在光催化所公用。他认为光催化各个项目的成功，他个人奋力拼搏了，是科研团队团结协作、社会各界的鼎力支持的结果，自己愿给予，多作贡献，理所当然。

追梦想结硕果。十几年，付贤智先后研制出固体超强酸高效光催化剂、光催化多功能空气净化器、光催化自洁灭菌陶瓷和自洁抗雾玻璃等一系列光催化产品，获得了九项国家专利、三项国家和省部级大奖。

付贤智总想把我国的光催化事业做大做强，以突出的贡献体现自己的人生价值。2009年12月贤智教授当选中国工程院院士。福州大学发出向付贤智院士学习的倡议书：学习他心系祖国、务实敬业的奉献精神；学习他求真务实、严谨治学精神；学习他锲而不舍、顽强拼搏；学习他艰苦创业、攀登科学高峰的精神。

……

我们说：不能低估了梦想的力量！